ネガティブ
フィードバック

「言いにくいこと」を
相手にきちんと伝える技術

人事コンサルタント
難波 猛

アスコム

はじめに

「自分を成長させてくれない会社では働き続けたくない」
「今の会社にいたら、学生時代の友人に差をつけられてしまう」
「ゆるい職場は、居心地は良いがリスクでしかない」

いま、若手の社員がこうした理由で会社を辞めるケースが増えています。

「外の世界では通用しないので、今の会社で定年まで働くしかない」
「会社の変化についていけない不安もあるが、どうすればよいかわからない」
「慣れた職場や仕事を変えるのは、リスクでしかない」

一方、ベテラン社員がこうした理由で不活性化するケースも増えています。

なぜなのか。
それは、どちらのケースも上司が部下に優しく接するだけで、厳しいアドバイスをしなくなった（出来なくなった）からです。

「厳しいアドバイスをしない」ことは、真の優しさではありません。

人は、自身の能力不足や欠点など、ネガティブな話も含め周囲からさまざまな指摘を受けて、自分の行動を修正しながら成長していきます。

何も指摘がないと、自分の欠点に気づけない「裸の王様」、または耳が痛いことを言われない環境に過剰適応した「ゆでガエル」のままになってしまいます。

成長を求める若手社員ほど、そのことをよくわかっているからこそ、厳しいことを言わない「優しすぎる企業」に早々に見切りをつけています。

一方、同じ職場に長く適応しすぎたベテラン社員の中には、居心地の良さに安住して成長意欲や挑戦心が減退して人材としての市場価値が低下し、「ぶら下がり」に近い状態になるケースもあります。

最近では、こうした職場環境の居心地は良いが成長の刺激が少ない企業を「ゆるブラック企業」と呼ぶケースもあります。

いわば、現在の職場に「不満」はないが、将来のキャリアに「不安」がある状態です。

労働時間や職場環境が整備されること自体は望ましいことですが、企業が過度にホワイト化して成長を阻害している理由は、社会のパワハラに対する目が厳しくなったことが挙げられます。

また、少子高齢化の影響もあり、多くの企業は若手の採用が困難で早期離職は大ダメージです。その結果、部下に対し過度に気を遣ってしまう「優しすぎる上司」が増えています。

パワハラや早期離職への不安と共に、上司が「耳の痛い話」をしづらくなっている要因がもう一つあります。

それが「年上部下」の増加です。

年功序列から実力主義やジョブ型人事制度への移行、役職定年制度やポストオフの運用、定年後の再雇用、定年延長などで、かつての上司や先輩が部下になるケースも増加しています。

かつ、高年齢者雇用安定法が改正され70歳までの就業機会確保が努力義務化される中、そうした年上部下と付き合う期間は確実に延びていきますし、年上部下との年齢ギャップも年々拡大していきます。

先輩への遠慮や職場内のトラブルを避けるために、成果や意欲にギャップが生じている年上部下を「見て見ぬふり」をする上司も存在します。

こうした要因が複雑に絡み合い、成長を求めて「すぐ辞める若手部下」と成長を志向しない「ぶら下がる年上部下」が量産されるリスクが増加します。

上司としても、若手相手であれベテラン相手であれ、できたらネガティブな話はしたくないでしょう。わざわざ嫌われる恐怖やパワハラのリスクを冒してまで、耳の痛い話はしたくないのが人情です。

そんな上司やリーダーのみなさんのために、この本でお伝えしたいのが「ネガティブフィードバック」です。「耳が痛い」情報を、正しく部下に伝え、部下の行動を変えパフォーマンスを上げるためのメソッドです。

人事コンサルタントとして2000人以上の管理職研修や3000人以上のキャリア支援を行ってきたノウハウに加え、心理学やキャリア論のロジックも活用しながら構築しました。

多くの企業に社員活性化プログラムやフィードバック面談として導入していただいており、実践した事例も紹介していきます。

そもそも、「部下をほめるコミュニケーション」「適正な評価方法」を研修で教わったことがあったとしても、「耳が痛い話」を正しく伝える方法を学んだ方は、意外に少ないのではないでしょうか。

この本のメソッドを実践することで、

●言いにくいことを落ち着いて伝えられる
●部下との関係性が最終的には良好になる
●部下が自律的に成長する

こうした結果につながります。

すぐに、簡単にできるとはいいませんが、本書を読んで正しく実践していただければ、誰でもネガティブフィードバックはできます。

耳が痛い話を伝え、部下に成長を促すためには、人間の心理プロセスを踏まえたコミュニケーションの構造があるからです。

詳しくは、本文に書きましたが、その前に1つだけ、部下を成長させるために一番大事なポイントをお伝えします。

それは、上司が「部下は攻略すべき敵」という意識を捨てることです。

ともすれば、上司は
「どうすれば、できの悪い部下を変えられるか」

「どうやって、辞めたがっている若手を引き留められるか」

「どうやって、管理職になりたがらない中堅をその気にさせるか」

「どうやって、やる気のないベテランに自ら身を引かせられるか」

と「問題がある相手を変える」意識になりがちです。


しかし、そういう気持ちは部下の側にも伝わります。

「人は変わりたくないのではない。変えられたくないのだ」

『学習する組織』（英治出版）の著者ピーター・M・センゲの言葉です。

部下も、自分の意見や行動を一方的に変えようとする上司の姿勢には反発したくなります。


人は自律性の欲求があり、「やらされる」「変えられる」ことに対して、本気でモチベーションを高めることはできません。

何より、「やらせる」「変えたい」上司も、「やらされる」「変えさせられる」部下もハッピーではありません。

では、どうすればいいのか。

「問題がある相手を変える」のではなく、「問題を一緒に解決する」姿勢で臨むことです。

部下という「人」を変えようとするのではなく、発生している「問題やギャップ」を解決するための行動を、双方向の対話で考えていくことが重要です。

そのためには、部下に「発生している問題やギャップは何か」に向き合ってもらい、「自分が何をやるべきか、自分の意志で決めてもらう」ことです。

「自分がこれからどうなりたくて、何を期待されていて、そのために何をしたらいいのか」、自分で考える気づきの機会を提供することがフィードバックの本質です。

しかし、今までパフォーマンスの上がらなかった部下に、急に「自分で考えろ」「自分で決めろ」と言っても、なかなか難しいかもしれません。

そこで、上司であるあなたの出番です。

部下の行動をしっかり観察し、思いをくみ取り、期待を伝え、一緒に成長プランを考えます。ネガティブフィードバックは、決して嫌がらせのようにネガティブな情報だけを伝えるメソッドではありません。部下の未来を前向きに変える方法やフォローアップも含めてワンセットです。

いわば上司は、部下が「なりたい自分」になるための応援団長になるのです。

そのために必要なのが、本文にあるネガティブフィードバックの「5つのマインドセット」と、「5つのスキルセット」です。粘り強く真摯に実践していただければ、部下が見違えるように成長し、強固な信頼関係が築ける日が来ることでしょう。

本書が、みなさんの悩みを解決する手助けになることを願ってやみません。

はじめに …… 2

第1章

部下は「叱る」だけでも「ほめる」だけでも成長しない

●部下に厳しいことを言えない上司が急増中 …… 20
●なぜ部下を「叱る」だけでは効果がないのか …… 23
●「叱る」のではなく、「ギャップ」を伝える …… 29
●ネガティブフィードバックが見ているのは過去ではなく未来 …… 34
●ほめるだけでは成長しない、変わらないこともある …… 36
●部下が自分の意思で「変わりたい」と思うまでの４フェーズ …… 39
●ネガティブフィードバックの４つの価値 …… 44

第2章

ネガティブフィードバックが難しいのはなぜ？

● 時代的な背景／「パワハラ防止」「心理的安全性」「若手の早期離職」「働き方改革」など、ネガティブフィードバックが難しい時代 …… 50
● 部下側の心理／耳が痛い話を聞いてうれしい部下はいない …… 54
● 上司側の心理／耳が痛い話を伝えるのがうれしい上司はいない …… 58
● できないのではなく、やらないことを選んでいる …… 61
● ネガティブフィードバックをやらないとどうなるのか、やったらどうなるのか …… 63
● 面倒くさい、やらされているという感情は93％相手に伝わる …… 67
● ネガティブフィードバックは、上司と部下の負担を減らす …… 69

第3章

ギャップを整理するフレームワーク「WILL」「MUST」「CAN」

●ギャップを整理する「WILL」「MUST」「CAN」 74
●「WILL」がどんどん小さくなるのはなぜ？ 81
●部下自身の「WILL」を知らずにネガティブフィードバックはできない 86
●「WILL」は強制的に引き出せない、上司と部下が一緒に考える 91
●「MUST」のズレはなぜ起きる？ 95
●「CAN」が不足する理由とは 99
●「WILL」を実現するための「自発的行動」が部下を飛躍的に成長させる 102
●部下に対して何の敬意も関心も持てないなら管理職には向いていない 107

第4章

「何を言うか」より「誰が言うか」が重要（日常のマネジメント）

● フィードバックの38％は逆効果になる …… 112
● フィードバックは、ポジティブ4：ネガティブ1 …… 115
● 否定され続けると学習性無力感が発生する …… 120
● 「ほめるところがない」は、部下ではなく上司と人事の問題 …… 123
● 「自分を認めてくれる人」の言うことに部下は耳を傾ける …… 126
● 結果だけをほめ続けると、結果にしか目がいかなくなる …… 129
● 面談するなら月1回1時間よりも、週1回15分を月に4回 …… 133
● 耳が痛い話のダメージを軽減するコツ …… 136
● 原則的に1回のフィードバックで変えられる行動は1つ …… 139
● 信頼関係の構築が難しい場合の対処 …… 142

第5章

ネガティブフィードバックを成功させる心の整え方(5つのマインドセット)

●ロジカル(論理的)なコミュニケーションだけではなく、エモーショナル(感情的)なコミュニケーションを …… 148
●1：嫌われることを覚悟する …… 150
●2：期待するが期待しない …… 155
●3：感情をこめるが感情的にならない …… 160
●4：真剣に業務に取り組む …… 164
●5：自分で決める …… 167

第6章

ネガティブフィードバックを成功させる技術(5つのスキルセット)

●相手の心理に応じてうまく変化を促していく技術 …… 174

- 1：「ギャップが存在している」ことに合意を得る …… 176
- 2：「認知的不協和」を創らないと人は変わらない …… 182
- 3：「きれいに終わる面談」には要注意 …… 186
- 嫌な空気になってきた、イライラしてきたと思ったら、面談を止める …… 192
- 4：話すより聴く …… 196
- 5：諦める（明らかに見極める） …… 201
- オンラインフィードバックで気をつけること …… 205
- 面談を5段階で構造化しておく …… 211

第7章 パワハラにならない伝え方のポイント

- パワハラに怯えているのは上司側 …… 220
- 「性格」ではなく「行動」と「事実」について話す …… 222
- 論理的に正しくても、相手を追い詰めるのはＮＧ …… 226

●「優しすぎる上司」が陥りやすい失敗……232
●初回の面談は感情的になりやすいので注意……236
●怒りの感情をコントロールする……238
●自分が怒る、イライラするパターンを把握する……240

第8章

「ぶら下がる年上部下」「すぐ辞める若手部下」への向き合い方

●ベテラン社員の「働かないおじさん」化が社会問題に……248
●成長したくて「ゆるい職場」を退職する若手社員が増加中……253
●「ナラティブ」がズレている前提で話し合うと、関係性は劇的に変わる……258
●「働かないおじさん」のナラティブ、上司側のナラティブ……261
●定年退職まで数年だから「WILL」がないとは限らない……266
●何歳になっても、ほめられたい、認められたい……271
●「すぐ辞める若手社員」のナラティブ、上司側のナラティブ……275

● 部下のナラティブに共感する。すべてはそこから 284

第9章

部下から上司へフィードバックする（ボスマネジメント、受ける側のポイント）

● ネガティブフィードバックは貴重なギフト 290
● 上司に望ましい行動を促す「ボスマネジメント」 295
● 「陰口」では上司は変わらない、「表口」を言う 305
● 信頼感と受注率が増すクライアントへのフィードバック 311
● 居心地の良さを維持するコミュニティ活動でのフィードバック 317
● 友人へのフィードバックは「相手が求めるまで静観」する 321
おわりに 326

第1章

部下は「叱る」だけでも「ほめる」だけでも成長しない

部下に厳しいことを言えない上司が急増中

「上司が部下に厳しいことを言えるようにしていただけませんか？」

「うちの社員に、厳しいことを言ってもらえませんか？」

という相談が、人事コンサルタントをしている中で急増しています。

以前は、

「上司が部下に厳しく言い過ぎないように」

「うちの社員のやる気をあげてもらえませんか？」

という相談が多かったので、真逆の依頼です。

昔は、多くの職場で「熱すぎる上司（行き過ぎるとパワハラ上司）」が多かったですが、現在はパワハラ防止や離職防止などを気にして「優しすぎる上司（行き過ぎると何も言えない上司）」が増えていて、企業の経営者や人事は問題意識を持っているケースが相談に繋がっています。

厳しいこととは、部下にとっては耳の痛い話であり、いくら上司の言葉とはいえ「はい、わかりました」とは簡単に受け止められないことも多いです。

左記は、クライアントから相談を受ける具体的な耳が痛い話です。

「会社が期待している成果と、本人の出している成果に大きな開きがあることを認識してもらいたい」

「時代の変化に応じて業務の進め方も自律的に変えていく必要があるが、ベテランが今までのやり方に固執して変化対応しようとしない。今後はそれでは困りますと伝えたい」

「会社の期待と若手の価値観がズレているが、それを強く伝えると辞めてしまう可能性があり伝えにくい」

「会社の方向性に基づいた能力を獲得していかないと、組織の中で活躍できる場所がなくなることを伝えないといけない」

「事業構造改革により部署がなくなることに伴い、慣れ親しんだ職場や職務から配置転換になることを伝えないといけない」
「従来のように会社が適材適所を考えて配置するメンバーシップ型から、本人が自分の適所を獲得して成果貢献するジョブ型に切り替えていく中で、キャリアを自律的に考えてもらう必要性がなかなか伝わらない」
「人事制度が改訂されてメリハリ重視になる中、今のポジションには見合わない能力と成果が続くと、ポジションが降格することもあるし、給料が下がることもあると伝えないといけない」……

どれもこれも、部下としては聞かずに済むなら聞きたくない話でしょう。上司としても、言わなくて済むなら言いたくないのが正直なところでしょう。

この「部下は聞きたくない、上司は言いたくない」葛藤状態を解決し、「上司が部下に厳しいことを伝える」「部下も上司と納得できるまで話し合う」双方向のコミュニケーションが、ネガティブフィードバックです。

上司が単に厳しいことを言うだけでは、部下側の反発を呼びパワハラやメンタルダウンなどのトラブルの原因になりかねません。また、部下側も納得していない上司の叱責を適当にやり過ごすだけでは、自身の成長も阻害され、組織内でのキャリアにマイナスの影響が出ます。

上司、部下双方にとってプラスになるフィードバックのノウハウを、この本を通じてお伝えいたします。精神論で「厳しいことを言おう」というつもりはありません。コミュニケーション理論・リーダーシップ理論・キャリア理論・心理学・脳科学などをベースに具体例も交えて解説していきます。

なぜ部下を「叱る」だけでは効果がないのか

厳しいことを伝えるネガティブフィードバックと対照的な方法が、部下マネジメントのトレンドになっている、「温かいアプローチ」です。

相手に寄り添う、相手の話をちゃんと聞いてあげる、相手の言い分を受け止めてあげる、答えは相手の中にある、出来なかった事より出来た事に目を向ける、その人らしさを認める、否定せず勇気づける、ありのままを受け入れる……。

コーチング・カウンセリング・心理的安全性・自己肯定感・マインドフルネス・ポジティブ心理学・サーバントリーダーシップなど、肯定的で温かいアプローチのほうが部下にとっても上司にとっても受け入れやすいため、素直に耳を傾けてくれますし、その効果や価値を否定する気はありません。私自身も、人事コンサルティングや研修の現場でこうした肯定的なアプローチを使う場面は多いです。

しかし、温かいアプローチだけですべての部下の意識や行動や成果が「求められる水準まで、求められる期間内に」変わるかというと、難しいと言わざるを得ないでしょう。

特に、1年間ずっと、または2期連続や数年間も成果が上がらない状態（ローパフォーマンス）が続いている「ローパフォーマー」と言われる部下を、「温かいアプローチ」一辺倒で変えるのは簡単ではありません。

企業の状況や業績がひっ迫し、一定期間で結果を求められ、改善しない場合は降格、降給、退職勧奨などの危険が迫っているときは、温かいアプローチでは間に合わないケースも往々にしてあります。

ローパフォーマーの意識や行動に改善を促すには、温かい太陽だけでなく、ときには厳しい北風を吹かせることも必要です。

ただし、問題は北風の吹かせ方。

北風の吹かせ方として多いのは、改善が必要な意識や行動を指摘する、わかりやすく言えば「叱る」という方法です。上司の感情をぶつけるだけの「怒る」よりは効果的です。

しかし、上司が一方的に叱ってすぐに変わるのはミスや事故につながる顕在行動くらいで、ローパフォーマンスの根本原因となっている意識や行動の変化はあまり期待できません。なぜなら、叱るという行為は、ほとんどのケースで「心理的リアクタンス」と呼ばれる自由の制約に伴う感情的な反発を招くためです。

「その進め方は間違っている」

「言ったとおりにしなさい」

「もっと仕事に責任感を持って欲しい」

上司としては業務を上手く遂行してもらうための指摘のつもりでも、部下の立場から見れば「一方的に押し付けられた」「自由を制限された」と感じてしまいます。結果として、一方通行のコミュニケーションになってしまい、耳が痛い話をされた部下は、表面では異を唱えなかったとしても、内心では反発します。反発した状態で働いても継続的なパフォーマンス発揮は困難です。

「北風と太陽」という寓話で北風が強くなると服をさらに着込んでしまうように、叱れば叱るほど、その反発（心理的リアクタンス）は大きくなり、部下は頑なに自分の意識や行動を変えようとしなくなります。

または、何度も叱られたローパフォーマーのなかには反発する気力自体も失い、意欲が減退してしまっていて、叱っても暖簾に腕押し状態の人もいます。これは「学習性無力感」という状態です。

「どうせ自分はいつも叱られる」「この上司には何を言っても無駄だ」「自分の意志は尊重されない」という経験が積み重なると、部下は積極的な行動をしない指示待ちになっていきます。一方的に部下を叱れば叱るほど、反発したり、無反応だったりする部下の意識や行動は前向きに変化するどころか、その状態が反復強化されるリスクがあります。

それではどうしたら効果的に北風を吹かせることができるのでしょうか。

その方法が、ネガティブフィードバックです。

部下に「その行動をくり返してもらったら困る」「その考え方や行動を変えてもらいたい」と改善を促すという目的は「叱る」と同じでも、「叱る」が一方的な指示なのに対し、ネガティブフィードバックは上司と部下の双方向の合意を目指すコミュニケーションを前提としています。

つまり、上司が部下に「伝える」だけでなく、部下も上司に「伝える」、そのうえで双方が相手の意見を「聴く」。そして、上司と部下が一緒になって改善策を考える。部下も自分で意見を考えて発信するからこそ、「リフレクション（内省）」が生まれ、部下の意識や行動の変化につながるのです。

部下に改善を促すアプローチ

怒る ×

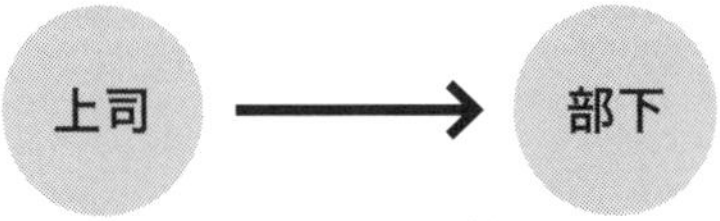

一方通行かつ感情的
コミュニケーション

感情的な反発を招くだけで、部下の意識や行動は変わらない。

叱る △

一方通行の指示的
コミュニケーション

ミスや事故を招く顕在的な行動は変わるが、根本原因の意識や行動は変わらない。

ネガティブフィードバック ◎

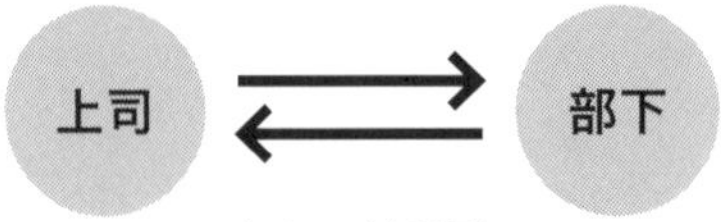

双方向の対話型
コミュニケーション

部下に内省（リフレクション）が生まれ、意識や行動の継続的な変化につながる。

「叱る」のではなく、「ギャップ」を伝える

ネガティブフィードバックも、「叱る」ときと同じように、上司から改善が必要な部下に厳しいことを伝えると、最初は言われた部下は反発します。

部下は自分に改善が必要だと認識していない場合も多く、上司から「予期せぬ変化」や「自分が望まない変化」を求められるわけですから、すんなり受け入れられないのは人として自然な反応です。

しかし、ネガティブフィードバックは、一方的な叱責や指摘に比べて、いったんは反発されても、やがて行動変容につながります。なぜでしょうか。

それは「この成績じゃマズいよ」「なんであなたはいつも出来ないんだ」「もっと協調性を持って働いてくれ」などと結果や人格へのダメ出し、否定ではなく、「解決すべきギャップ」に焦点を当てて話し合うことから始まるからです。

組織内でのギャップは、「会社や上司の期待」と、「部下の現状や志向」のズレから生まれます。そのズレは、部下の成果や行動や発言など、目に見える形で現れます。まずは、この「ズレ＝ギャップ」の正体を顕在化して対話の土俵に乗せることが重要です。

成長途上の若手社員のギャップの原因で多いのは、「能力のズレ」です。求められている能力を身につけていないため、期待される成果を上げられないでいます。足りない能力は専門技術なのか知識なのか、語学力なのかコミュニケーション能力なのかＩＴリテラシーなのか……。「何の能力が不足しているのか」「その能力をどう身につけるか」「その能力を高めるとどういうメリットがあるか」を具体的に考え、実践することができればギャップを埋めていくことができます。

表面上の成果不足だけに注目して、ただ「どうしてできないんだ」「もっとしっかりやれ」「この場合はこうしなさい」と叱ったところで、部下が足りないところに気づくこともなければ、持続的に成長することもないでしょう。

昨今、管理職が若手社員の対応以上に困っているのが、ベテラン社員への対応です。ベテラン社員の場合は、単純に能力が不足しているというケースは少なく、「認識のズレ」がギャップの原因となることがよくあります。

たとえば、「環境変化を先取りして対応して欲しいが、過去の成功体験にこだわって時代遅れの仕事のやり方を続けてしまう」、「幅広い経験や視野を活かして貢献領域を拡大して欲しいが、プレイヤーとしてできる範囲でしか対応してくれない」、「十分な能力があるので若手社員を引っ張ってほしいと期待しても、そもそも若手と全く関わってくれない」などの声は実際に上がります。

いずれの場合も、能力が不足しているからできないというわけではなく、能力はあるのにやろうとしない（やる必要性を認識していない）だけです。その大きな原因となっているのは、認識のズレです。

認識のズレは、客観的に顕在化しやすい能力のズレとは異なり、上司と部下でコミュニケーションをとらないとわかりません。上司が一方的に期待を伝えたとしても、ベテラン社員が期待への必要性や重要性を認識していなければ、返事は良いが動かない面従腹背の状況が発生します。

ベテラン社員とは認識のギャップについて話し合う場を持つことが非常に重要なのですが、最近は「年下上司と年上部下」という組み合わせが増えてきていて、双方が遠慮して厳しいことを話し合えない場合も多いようです。

「働かないおじさん問題」と呼ばれる組織の中で働かない、働けないミドルシニアが量産されているのは、本人の能力不足や意欲低下以上に、健全なフィードバックがないことで本人が期待のギャップに気づかず、さらにギャップが広がり続けていることが要因のケースが多いです。

ローパフォーマーの行動変容に時間がかかるパターンは、この「認識のズレ」が原因の場合が多いです。

たとえば、成果が出せていない部下でも、「私自身も、今期の成果は不十分で改善が必要だと認識しています」という人は、ネガティブフィードバックを受け入れる土壌がつくりやすいです。なぜなら、自分の状況が不十分だと認識しているため、上司の「今期は苦戦してるよね。一緒に改善策を考えよう」というフィードバックが共通認識として、すんなり受け入れられるからです。

一方で苦労するのは、本人は「すごくできています」、でも上司から見ると「全然できていない」と認識がズレているパターンです。期末の評価面談などで「あの部下は自己評価が高くて困る」という声は実際によく出ます。

この状態を放置すると、「能力が低い人ほど、自分の能力や状態を客観的に認知・修正する能力も低いため、自分を過大評価してギャップが修正できず大きくなる」という「ダニング=クルーガー効果」が働き、さらにギャップが広がり続けるという悪循環に陥ります。

認識のズレから生まれるギャップのある社員を放っておくのは、組織にとっても本人にとっても良いことなどひとつもないのです。認識のズレが大きい部下は、上司だけでなく同僚や他部署とも認識がズレるケースが多く、本人のキャリア形成だけでなく、職場の人間関係や組織風土にも悪影響が出るリスクがあります。

ネガティブフィードバックは、ギャップが生じていることについて話し合うことがポイントなので、対象者の年齢やポジション、組織の規模に関係なく使うことができます。

ネガティブフィードバックが見ているのは過去ではなく未来

ネガティブフィードバックは、「フィードバック」という言葉からわかるように、過去に起こった事象（事実）についてのコミュニケーションです。

しかし、見ている先は過去ではなく未来であり、「フィードフォワード」の姿勢が重要です。将来の良い状態に向けてギャップを埋めていくことが目的になります。

「なんであれができなかったんだ」とか、「失敗の原因を説明しろ」といった話をして過去を責めるのではなく、生じているギャップを埋めて、これから成長していくためには何をしたらいいかという話をしていくのがネガティブフィードバックで目指すことだと考えてください。

ネガティブフィードバックは、過去への「ダメ出し」ではなく、未来へ向けて「変わっていく」ための支援が目的です。ギャップがあるのは事実ですから、そこから目をそらさないという意味でネガティブなことも言いますが、あくまで未来を切り開くための現状把握と共通認識です。

「将来に向けてこのギャップを埋めていこう」ということを、上司と部下でお互いに確認する作業です。

そして、部下の未来も、会社の未来も明るくなるために話し合います。上司の憂さを晴らすためでも、会社が都合よく部下を追い込むための手練手管でもありません。

後ほど詳しく説明しますが、大事なのは、部下自身が「この会社における、自分の未来はこうありたい」「その実現に向けて、能力開発しながら会社の期待に応えていこう」ということを、自分の意思で決めて前に進むことです。そのために、上司として、どのようなサポートができるかということを体系的に話し合うコミュニケーション全体が、ネガティブフィードバックの本質と言っていいでしょう。

ほめるだけでは成長しない、変わらないこともある

ちなみに、フィードバックには、ネガティブなものだけでなく、ポジティブなものもあります。

ポジティブなフィードバックとは、「ほめる」、「認める」、「注目する」「感謝する」などです。原則論として、「ネガティブよりポジティブなフィードバックのほうが肯定的で持続的な影響は大きい」点は理解しておきましょう。本書はネガティブフィードバックに注目していますが、日常のマネジメントではポジティブなフィードバックを惜しまず提供することをお勧めします。

ネガティブフィードバックには、今やっている（望ましくない）行動を変えていく効果がありますが、ポジティブフィードバックには、逆に、今やっている（望まし

い）行動をさらに強化する効果があります。

人にはマズローの5段階欲求でいう「承認欲求」があるため、他者からほめられたり、認められたりすると、その行動をくり返したくなる性質があります。脳科学的な表現をすると、快楽ホルモンである「ドーパミン」が分泌されるので気持ちよくなり、再度欲しくて同じ行動をくり返します。

「ほめて伸ばす」は心理学的にも脳科学的にも意味があります。

「ほめたら部下が調子に乗る」「細かくほめると期末に厳しい評価と矛盾が出るのが怖い」など、部下への承認・賞賛を惜しむ上司がいますが、金銭的報酬だけでなく精神的報酬をしっかり提供することは、現在のようにポストも事業も給与も右肩上がりではない経営環境では重要なマネジメントスキルです。

もちろん、ただほめればいいという話ではありません。近年、厳しい指導を行うと「パワハラ」扱いになるリスクがあるためか、社員に対し優しく、ほめる言動に偏りがちな会社や上司も見受けられます。

なかには、「本当は期待以下だが、おだててでも働いてもらわないと反発されたら厄介」という本末転倒な理由で心にもない賞賛を口にする上司もいますが、それは「間違った行動を強化し続ける」メッセージにつながる愚策です。

本来、ほめることと、悪い点を指摘することは、車の両輪のようなもの。その両方が正しく、かつバランスよく実践されたときにはじめて、部下の行動変容や組織の風土改革が実現します。

他にバランスが欠如している事例としては、ローパフォーマーに対しては厳しく叱り、ハイパフォーマーに対して甘い言動になる上司がいます。

「数字が良いハイパフォーマーは会議に遅刻しても叱らないのに、成績不振のローパフォーマーが遅刻したら叱る」などのダブルスタンダードが続くと、当事者だけでなく組織全体のモラルが失われ、「うちの上司は結果しか見ない」「結果が出せなければどんな行動も無駄」「結果を出せば何をしても許される」というメッセージが蔓延します。

「ローパフォーマーでも良い行動はほめる」「ハイパフォーマーでも良くない行動は指摘する」ことが重要です。

ローパフォーマーであっても、会社の期待に応える意識や行動に対しては、どんどんポジティブなフィードバックを与えるべきです。それが、必要なときにネガティブフィードバックが効果を発揮する信頼関係の土壌になります。

つまり、「効果的な叱り方」と「効果的なほめ方」は連動しているということです。間違った叱り方だけでなく間違ったほめ方をすると、部下の自己認識を誤ったものにする可能性があるだけでなく、部下の成長が止まってしまう恐れもあります。このことについては、第4章で改めて解説します。

部下が自分の意思で「変わりたい」と思うまでの4フェーズ

人の行動は、そう簡単には変わりません。人が変化を受容するまでに4つ（否定・抵抗・探求・決意）の心理的フェーズがあります。

ネガティブフィードバックを実践する際に、いくつかのステップを踏んで行なうのですが、特に最初の段階で、部下が上司から言われたことに対し、否定的な態度を取ったり、簡単に承服せずに抵抗の姿勢を見せたりする場合があります。この「否定」と「抵抗」のフェーズをいかに乗り越えられるかが重要です。

そこを乗り越えれば、「探求・決意」という部下自身に変わりたいという意思が芽生えてきます。

1つめのステップは、「否定フェーズ」。

厳しいことを伝えられ、「予期せぬ変化」や「望まない変化」を求められて、いきなり「心を入れ替えて頑張ろう」「はい、わかりました。私は変わります」と、すぐに受け入れられる人は稀で、「自分には関係ない」「自分は変わる必要がない」という否定的な反応がふつうです。

人は、今までの心地よい状態（コンフォートゾーン）を否定されると、居心地の悪さや不快感を抱きます。心理学では「認知的不協和」といいます。

先ほど、ネガティブフィードバックはいったん反発されると述べましたが、厳しいことを言われた部下が、イラッとしたり、ムッとしたり、怪訝な表情をしたりするのは自然なことです。

「これで良い」と思っていた自分の認知と、「それではマズい」という他者（上司）の認知が異なる状態です。

上司としては勇気を出してメッセージを伝えた結果、部下の反発や不機嫌な様子を見ると不安になると思いますが、逆に、そうした反応を示してくれたほうが、「上司のメッセージが相手に伝わった」と思うようにしましょう。

2つめのステップは、「抵抗フェーズ」。

否定の次に来るのが、「抵抗」です。

自分の置かれている状況や変わらなければいけない現実を突きつけられた部下は、理論的には理解しても感情的には納得していません。

特に、「自分はできている」「このやり方でやってきてうまくいっている」など、自分を過大評価している人は、会社の期待に応えられていない現実を目の前にしても、「自分の責任ではない」「自分は被害者だ」「上司が間違っている」と他責的な考え方になります。

この段階で上司が気をつけるのは、無理やり部下を説得しようとしないことです。抵抗しようとしている部下を説得する行為は、『北風と太陽』の北風と同じ。力ずくで部下を抑え込もうとすればするほど、「変わりたくない」という意思が強固になります。

仮に、上司の一方的な説得によって「はい、わかりました」と部下が表面上答えたとしても、行動変容につながらないケースも多くあります。「やっかいな面談を終わらせたい部下が、とりあえず返事した」「腹の底から納得はしていないが、とりあえず上司の言われた通りにすれば失敗しても自分の責任ではないと考えている」可能性もあります。

抵抗フェーズに入ったら、上司は部下の声（意見・不満・怒り・不安）にとことん耳を傾けることです。「耳と心を傾けて聴く」傾聴の姿勢が大変重要です。

人は、怒りや不満などネガティブな感情を吐き出せないと残り続けて解消できません。しっかり上司が部下の本音に耳を傾けることで気持ちが浄化されていきます（カタルシス効果）。

また、時間をかけて聴けば聴くほど、「自分と長く接してくれた人に好意を抱く」という、心理学的に「単純接触効果（ザイアンスの法則）」と呼ばれる現象が起こります。

上司が真摯に話を聴いてくれたことでネガティブな感情が落ち着き、上司に対する信頼感が高まると、「恩を受けたら相手にも返したくなる」という心理効果（「返報性の原理」）が働き、ようやく「では、これから自分はどうすればよいのか」と「予期せぬ変化」や「望まない変化」を受け入れる心理になります。

「否定」と「抵抗」を乗り越えられると、部下に変わりたいという意思が芽生えるため、その後の具体的な方法を考える「探求」フェーズ、変わるための方法を実践していく「決意」フェーズへ前向きに移行できるようになります。

ネガティブフィードバックの4つの価値

なぜ、あえて耳が痛いフィードバックを行う必要があるのか。その価値は、大きく4つあると考えられます。

1つめは、「組織のため」です。

会社などの組織は、変化し続ける社会や顧客に対して価値を提供できる集団であり続けなければ、存続することはできません。そのためには、全社員に会社の期待を上回る行動や貢献、絶え間ない変化と成長が求められます。

しかし、すべての社員がその期待に応えられている会社は、なかなかないのではないでしょうか。他の社員の頑張りや過去の財産で現状はカバーできていたとしても、期待を下回る状況を放置していると、やがて組織運営の障害になることがあります。

2つめは、「部下本人のため」です。

厳しいことを伝えなくても、期待に応えられていない自分に気づき、自らを奮い立たせてアップデートや改善をくり返せる人もいますが、やはり気づけない人は一定数存在します。

人は一般的に、周囲評価より自己評価の方が高い傾向があり、気づかなければ、変わることもできません。

なかには、応えられていないことに薄々気づきながらも、上司に「それはダメですよ」と言われないことで「何も言ってこないから、これでいいんだ」と解釈して、同じことをくり返している人もいます。上司の沈黙は肯定と同義になります。

いずれにしても、ギャップが生じている場合はフィードバックをしてあげないと、部下の気づきの機会、そして成長の機会を奪うことになります。

3つめは、「周りのため」です。

上司が会社に貢献していない部下を見て見ぬふりをしていたり、やってもやらなくても何も言わなかったりしていると、周囲にマイナスな影響を与えます。

特に、その対象がベテラン社員の場合、「あの人はあまり仕事してないけど給料だけは高いんだよね」「うちの会社は、やってもやらなくても変わらないから真面目に働くと損をする」という不満が水面下で蔓延するようになります。

厳しいことを伝える姿勢を上司が示さないままでいると、組織のモラルや士気を低下させることにつながり、若手社員がどんどんやる気を失って、最終的には会社を辞める原因にもなります。

特に、将来有望な自律的な若手ほど「この会社にいても成長できない」「目指したい先輩がいない」と感じると退職を選択する可能性が高くなります。

4つめは、「上司自身のため」です。

「言いたいこと」「言ってあげたほうがよいこと」を言わずに我慢すると、上司自身のストレスになります。

たまに、「いろいろ言うと部下の機嫌を損ねるし直させる手間も大変なので、不十分な成果でも自分がプレイヤーとしてカバーしている」という上司を見かけますが、上司のリソースを本来部下に任せる業務に割くのは本末転倒で、上司のためにも組織のためにも本人のためにもなりません。

部下も、上司が思っていることを人づてに聞いたり、噂話で聞いたりするのはとても不愉快です。お互いに健全な状態とは言えません。

また、部下に厳しいことを伝えることは、「部下に求めていることを自分はできているか」「部下が素直に聴いてくれる関係性を構築できているか」など、上司自身の振り返りや成長にもつながります。

相手に厳しいフィードバックをするということは、我が身にブーメランがはね返ってくる可能性があるからです。勇気がいる行為ですが、その先に上司自身と部下の成長が待っています。

適切なフィードバックは組織のため、部下本人のため、周りのため、上司自身のためでもあるのです。

フィードバックの重要性は、世界の著名な経営者も語っています。

たとえば、ビル・ゲイツは、「私たちが進歩するには、フィードバックを与えてくれる人が必要だ（We all need people who will give us feedback. That's how we improve.)」。

イーロン・マスクは、「自分が何をしたか、そしてどうすればより良くできるかを常に考えるフィードバックループを持つことが非常に重要だ（I think it's very important to have a feedback loop, where you're constantly thinking about what you've done and how you could be doing it better.)」。

さらに、「私はネガティブフィードバックが大好きだ。なぜなら自分の間違いに気づき、すぐに修正し、同時にそこから学ぶことができるから（I really like negative feedback, because it makes me aware of my mistakes to correct them immediately and learn from them at the same time.)」と語っています。


日本でも、経済産業省の「人生100年時代の社会人基礎力（平成30年2月）」の中で、「仕事の経験を通じたリフレクション（振り返り）と多様なフィードバックの積み重ねが、能力開発やキャリア形成の軸になる」と明記されています。

フィードバックは、世界的な経営者や国の有識者たちも認めるほど重要度が高いということです。

第2章

ネガティブフィードバックが難しいのはなぜ？

時代的な背景／「パワハラ防止」「心理的安全性」「若手の早期離職」「働き方改革」など、ネガティブフィードバックが難しい時代

部下に厳しいことを言えないのは、厳しいことを言いづらい時代になってきたことも背景にあります。

たとえば、「パワハラ（パワーハラスメント）」。厚生労働省のパワハラ防止指針によると、次の3つの言動を満たすとパワハラに該当するとされています。

①職場における優越的な関係を背景とした言動であること
②業務上必要かつ相当な範囲を超えた言動であること
③身体的もしくは精神的な苦痛を与える言動であること

パワハラは許される行為ではありませんが、「パワハラになるのではないか」「ハラスメントと注意の境目がわからない」と意識し過ぎて、必要な指摘も口にできなくなっている上司がいるのは事実です。その結果、部下もギャップに気づけず成長機会

を失っている場合もあります。

私も研修受講者から「今の時代、どう伝えていいのか、何を言ったらパワハラになるのかわからないんですよ」と相談されることがよくあります。

伝える本人が何を言っていいのかわからないのですから、ネガティブフィードバックに積極的になれるわけがありません。


昨今、職場環境で注目される「心理的安全性」も、言葉が独り歩きして上司にネガティブフィードバックを躊躇させる要素と言えるでしょう。

心理的安全性とは、組織行動学の研究者であるエドモンドソン氏が1999年に提唱した心理学用語ですが、「組織の中で自分の考えや気持ちを誰に対しても安心して発言できる状態」のことをいいます。

Googleが「プロジェクト・アリストテレス」において「生産性が高いチームは心理的安全性が高い」との研究結果を発表したことで、世界的に注目されるようになりました。

「安心して発言できる＝部下のどんな発言も受け入れなければいけない」「厳しいこ

とを言うと、部下の心理的安全性を損なうのではないか」「優しく接しないと、言いたいことが言えなくなるのではないか」などと、本来の心理的安全性の考えと少しズレた捉え方をしてしまい、どう伝えていいのか困っている上司がいます。

ただ、「上司が部下の非難を恐れて率直に発言できない状態」「部下と上司が健全な対立を避けている状態」こそ、実は心理的安全性が欠如している状態だと認識しましょう。

大手企業でも課題とされている「若手の早期離職」も、ネガティブフィードバックにブレーキをかける要素でしょう。

少子化で人材不足が叫ばれる中、上司がかけた厳しいひと言が退職の原因となるのは避けたいはずです。結果として、若手を「親戚から預かった子供」のように過保護に扱ってしまい、若手の成長を阻害してしまう例もあります。

また、「働き方改革」やコロナ禍以降に普及したリモートワークは、職場で相手の表情や雰囲気を確認しながら話せる従来のコミュニケーションとは異なります。

働き方改革やリモートワークの普及に伴い、以前は普通だった「残業後の飲みニケーション」や「食堂や商談先で上司と部下がランチ」「会議前後の雑談」という機会も減っています。ただでさえ、部下の感情に配慮しながら話をしていた「優しい上司」としては、さらにどうしていいか困っている、という相談も増えています。

このように、ひと昔前と比べると、厳しいことを率直に伝えることが難しい時代になりました。法律も社会環境も働く人達の意識も変化していく中で、フィードバックやコミュニケーションには相応の配慮やアップデートが必要です。

「頭ごなしに厳しいことをビシッと言う」「残業後の飲みニケーションで膝を突き合わせて本音を交わす」「部下は上司の背中を見て育つ」というコミュニケーションスタイルは現代社会では到底通用しません。といっても、ギャップが生じている際には、そのギャップが何かをちゃんと伝えなければ、部下の成長も組織の成長もありません。

だからこそ、建設的で適切なコミュニケーションとしてネガティブフィードバックという選択肢を身につける必要があるのです。

部下側の心理／耳が痛い話を聞いてうれしい部下はいない

人間は社会的な動物なので、所属している集団において自分の能力や貢献を（特に集団で権力を持つ相手から）否定されることには、強い反発や恐怖心、不満を抱きます。また、自己認識と違うネガティブな評価を受けることは自尊感情や自己肯定感が脅威にさらされるリスクを感じる場合があります。

大きなギャップが発生している部下に対して「必要なときには厳しいことを言わなければ本人のためにならない」ことは、なんとなく気づいている方は多いと思います。それでも、「部下の反発が怖い」「モチベーションを下げてしまいそう」などの理由で言えなくて困っている方も、やはり多いと思います。

実際、私のクライアントの声を聞いていても、「思っていることを、相手に伝わるまで伝えていない」ことが多いのが現状です。

「ベテランなんだから、ハッキリ言わなくても察してほしい」「期末評価の結果を見れば、自分の評価はわかるはず」「以前の面談で一度注意したので、大人なんだから軌道修正して欲しい」「過去の上司も指摘してこなかったので、できれば誰かに言ってほしい」

これでは、いつまで経っても部下が変わることはありません。

上司がネガティブフィードバックを嫌がる理由の第一は、耳が痛い話をされて「ありがとうございます」と喜ぶ部下はいない（または極めて少ない）からです。相手に喜ばれないことに積極的になれないのは、人として当然です。

「業務におけるパフォーマンスが期待を下回っている」、「あなたが求めている方向と会社の求めている方向にズレがある」「変えて欲しい行動がある」と言われて、条件反射的に笑顔で感謝できる人は稀です。

どんなに取り繕ったとしても、部下からはイラッとしたり、ムカッとしたり、ガクッときたりといった怒りや不満、恐怖などの感情が現れます。

「納得できない」「自分のことを理解してくれていない」「間違っているのは上司のあ

なただ」などと反抗的な気持ちになる人もいれば、「組織から排除されるかもしれない」「出世や自分のキャリアが閉ざされるかもしれない」「周りから仕事ができない人だと思われるかもしれない」などと不安な気持ちになる人もいれば、「いつもの小言だからスルーしよう」「どうせ数字が良くなれば何も言わなくなる」「上は大げさに騒ぐが、自分の仕事や技術はこれからも必要」と軽くスルーする人もいます。

しかし、そうした反応は、第1章でも述べたように人として当然の反応（否定フェーズ、抵抗フェーズ）であり、ネガティブフィードバックにおいては、行動が変わるうえで避けて通れないサインでもあります。

特にローパフォーマーの中には、会社の期待を下回っている状態にもかかわらず、「自分は問題の無い状態」「自分は十分成果を出している」「評価しない周囲や上司に問題がある」など、自己認知がズレている場合があります。

その際には、「これで良い」という自己認知と「それではダメだよ」という周囲の認知が矛盾や不協和を起こす「認知的不協和」が発生しない限り、行動が変わるきっかけが生まれません。

部下に嫌な顔をされるのは、上司として気持ちいいものではありません。上司自身もイライラすることもあれば、ビクビクすることもあるでしょう。相手の不満や怒り等のネガティブな反応を受ける位なら、穏便に済ませたい気持ちも理解できます。

しかし、部下が見せるネガティブな反応は、自分が投げたボール（メッセージ）を相手が受け取ったポジティブなサインだととらえてください。逆に暖簾に腕押しで押しても引いても無反応だったり、深く理解も内省もせず「わかりました」と即答されたりするほうがまずいと思ってください。

上司の言葉に反発したり、悩んでくれたりするほうが、フィードバックでは断然効果を期待できます。

「はい、わかりました」と深く考えず即答する部下がいたら、「どうわかったのか、あなたの言葉で話してもらえませんか」と本人の理解を確認して、軽く流さないようにしましょう。

上司としては、厳しいことを伝えても、面談の最後はお互いにハッピーな状態で終わらせようとしたがります。「お互い頑張ろう」といった、何となく前向きな雰囲気で終わろうとするケースが多いのですが、少なくとも一回目の面談は、きれいに終わらせる必要はありません。

逆に、相手がざわざわした状態で面談を終えて、家に帰って、思い出して「あの上司の言うことは腹が立つな。でも言っていることは正しいような気もするなあ」とモヤモヤしてもらうほうが「認知的不協和」が生じて行動を変えるきっかけになります。

厳しいことを伝えられてうれしい部下はいません。ただし、ネガティブフィードバックでは、その反応は一時的なものであることを覚えておいてください。

上司側の心理／耳が痛い話を伝えるのがうれしい上司はいない

耳が痛い話をされて喜ぶ部下はいませんが、伝えることがうれしい上司もいません。

人間は社会的動物なので、自分の言動で集団の統率が乱れることや構成メンバーの反発や離反を招くリスクに恐怖を感じます。集団の中で良好な関係を望む気持ちは、権力を持つ上司側にも存在します。また、自分の言動で自分自身の地位や権力を失うリスクも抱えることになります。

私自身も、社内外で必要に応じてネガティブフィードバックを行うことはありますが、嬉々として行うわけではなく、「相手は嫌な顔をするかもしれない」「関係が毀損する可能性がある」「この商談は失注するかも」などへの恐怖心がゼロではありません。

厳しいことを言えない理由を上司に聞くと、たくさん出てきます。

「少しでも言い方を間違えるとパワハラになる」
「部下が昔の上司できついことが言いづらい」
「若手に厳しいことを言うと辞めてしまいそう」
「部下に嫌われると、その後の業務を進めにくい」
「人手不足のなか、やる気が下がったり辞められたりしたら困る」
「テレワークで、オンラインでの面談は厳しいことを言いにくい」
「働き方改革でこれ以上残業させられないので強く成果を求めにくい」

「伝えることでさらにモチベーションが下がったら本末転倒」
「あの人にきついことを言うと、10倍になって返ってくるのが怖い」
「あの人と踏み込んで話すのは、正直言って面倒くさい」
「どんなに熱心に伝えても曖昧に腕押しでまったく動いてくれない」
「自分も数字を持っているので余計な仕事を増やしたくない」……。

私がクライアントのセミナーで最初にすることは、こうした「嫌な理由」「出来ない理由」を吐き出してもらうことです。愚痴でもいいので、まずは自分が抱えているものを吐き出していただいて、自分の感情に気づいてもらうようにしています。

ネガティブフィードバックが必要なことは頭ではわかっていても、「できない」「やりたくない」と思っている状態ではフィードバックスキル自体も習得できず、相手と健全なコミュニケーションもできません。

そこで、いったん自分の感情を整理するのです。

心理学では「セルフアウェアネス（自己認識）」といいますが、自分がどういう理由や感情でやりたくないのかを整理して自己認識できると、モヤモヤした状態がなくなり、心を落ち着かせることができます。ネガティブフィードバックを始めるのはそこからです。

できないのではなく、やらないことを選んでいる

上司側のネガティブフィードバックが「できない理由」をたくさん並べてみましたが、『嫌われる勇気』（ダイヤモンド社　岸見一郎・古賀史健）で紹介されているアドラー心理学の「目的論」に基づけば、人間の行動や選択には原因ではなく目的があります。

つまり、ネガティブフィードバックが「できない」のではなく、何らかの目的があって、「やらない選択」をしているということです。

厳しいことを言えないのは、実は、言うことによるメリットよりも、言わないことで上司が得られるメリット（または言うデメリット）が大きいと判断している可能性もあるのです。

たとえば、こういうことです。

「元上司の部下に無理して会社に貢献してもらうよりも、あと数年で定年なので、面倒を避けて定年退職を待ったほうがお互いらく」

「どんなに頑張ってフィードバックしたところで、どうせあの人が会社の期待に応えるのは無理だから私自身の時間のムダ」

「部下にもっと勉強しなさいと言ったら、自分も勉強しないといけなくなるので損」

「嫌われるリスクを背負うくらいなら、今のまま良い人だと思われていたい」

「面談に費やす時間と労力を考えたら、その分、自分の仕事をしたほうが組織の成果も上がるし、評価も高くなる」……。

ネガティブフィードバックができない上司は、厳しいことを伝えることによる長期的な利益より、伝えることによる短期的な不快さを避けてやらない選択をしている（または短期的な利益を重視している）可能性があります。

ネガティブフィードバックがうまくいくと、部下が持続的に成長し、結果として自分もらくになり、組織としての業績が伸びれば双方の待遇や評価にも返ってきます。しかし、結果が出るまでにしばらく時間がかかるだけでなく、方法を間違えるとうまくいかないこともあります。

一方、短期的なデメリット、たとえば部下に嫌な顔をされるとか、反発される、面談に時間を取られる、といったことは、ほぼ確実に発生します。人は、「得られるメリット」より「失うリスクやデメリット」を過大評価する傾向（プロスペクト理論、損失回避の法則）があり、やらないことを選択しがちです。

ネガティブフィードバックが「できない理由」ではなく、「どうして自分はやらない選択をしているのか」を掘り下げていくと、「できない」という思考停止状態から脱却して、「やるか」「やらないか」にフォーカスできるようになります。

ネガティブフィードバックをやらないとどうなるのか、やったらどうなるのか

ネガティブフィードバックができていない自分を俯瞰し、自己分析できたら、改め

て、「やるのか」「やらないのか」を検討してみましょう。

この段階では、「経営者や人事から指示されているからやらなければいけない」という前提条件を捨てて、上司自身の意志として「やるのか」「やらないのか」を検討してください。場合によっては、あえて「やらない」という選択肢もあります。


ネガティブフィードバックをやらなかったらどうなるのか、やったらどうなるのか、次のような視点から考えてみましょう。


「本人のパフォーマンスは改善するのか？」

「周囲に与える影響はどうなのか？」

「本人の評価や処遇やキャリアはどうなるのか？」

「組織のパフォーマンスにどのような影響を与えるのか？」

「来期以降はどうなるのか？」

「この人が5年後、10年後にどうなるのか？」

「自分が部下なら、言われたほうがいいのか、言われないほうがいいのか？」

「言わない選択は、お客様や他の社員は望んでいるのか？」

「言わない選択をした自分を、未来の自分は納得するのか？」……。

「やるのか」「やらないのか」を真剣に長期的に検討すると、今の状態を放置しておくのは部下にとっても、自分にとっても、組織にとっても、周りの社員にとってもいいことはひとつもないため、「やる」という結論に至ることがほとんどです。

こうして「目的論」から考えると、ネガティブフィードバックができないと言っていた段階とは異なることがひとつあります。

それは、「やる」と、自分で決断したことです。

経営者や人事から業務命令で指示されて嫌々ながら実行するネガティブフィードバックとは、気持ちの入り方や部下と接するスタンスがまったく変わってきます。

ネガティブフィードバック苦手を克服するステップ

Step1

「できない理由」、「嫌な理由」を書き出す

自分がどういう理由や感情でやりたくないのか整理する。

↓

Step2

「やらない目的」を考える

嫌われる、損するなど短期的な不快さを重視している自分に気づく。

↓

Step3

「やらないとどうなるか」、「やったらどうなるか」を考える

長期的な部下、自分、組織、周りの社員への影響やメリットを考える。

↓

Step4

ネガティブフィードバックを「やる」「やらない」を選択する

最終的に、やるのかやらないのか、自分の意志で決める。

面倒くさい、やらされているという感情は93％相手に伝わる

管理職がつらいのは、経営者や人事から「部下をしっかり指導してください」「メリハリをつけた評価をしてください」と言われると、基本的にはＮＯと言えないことです。内心ではやりたくないという思いを抱えていても、立場上「わかりました」と返事するしかありません。

そんな「やらされ感」満載の状態で部下と面談するのだけはやめましょう。

面倒くさいとか、やらされているといった感情は、「93％相手に伝わる」と覚悟してください。

コミュニケーション理論の法則に、「メラビアンの法則」があります。

これは、人と人とのコミュニケーションにおいて、矛盾した情報を伝えた際に、言ったことの言語情報が７％、言い方や声の聴覚情報が38％、表情や仕草などの視覚

情報が55％のウェイトで影響を与えるという法則です。つまり、口で言ったことが伝わるのはたったの7％で、残りの93％は顔の表情や声のトーンなどで伝わるということです。

だからこそ、自分の気持ちをいったん整理して、「部下のためにも、しっかり伝えてあげたい」「自分の意志でフィードバックする」と自分で決める必要があります。

たとえば、定年で役職から外れ、雇用契約が嘱託契約となり報酬も低下してやる気が低下している人とのコミュニケーションは一般的に難しいものです。

こうした際、上司側に「どうせこの人は言っても変わらないし、できれば定年退職まで放置しておきたいけど、周りの手前もあるからとりあえず言わないといけない」という本音がある場合があります。

相手には、本当に自分に期待して言ってくれているのか、信頼して言っているのか、とりあえず言っているのか伝わります。この場合なら「どうせこの人は無理だよね」という思いは相手に伝わります。そのスタンスで話す位なら、むしろ言わないほうがお互いにとってマシです。

上司に部下が見えている以上に、部下には上司が見えています。上司にとって部下は複数でも、部下にとって上司は1人。上司の思っていることは、部下にはだいたい筒抜けだと思ってください。だからこそ、ネガティブフィードバックをやるのか、やらないのか、自分に問いかけてみる過程が重要です。

ネガティブフィードバックは、上司と部下の負担を減らす

私がネガティブフィードバック研修で上司にお話ししているのは、「最初は大変でも、部下の成熟度が上がるほど、部下の細かい管理がいらなくなりお互いらくになる」ということです。要するに、ネガティブフィードバックを行うことで部下が成長すると、自分の負担がどんどん減っていくということです。

「シチュエーショナルリーダーシップ（ＳＬ理論）」では、部下の成熟度が本当に高

く、自らモチベーションを高めることができ、仕事の能力も十分にあり、会社の期待にも応えられるような人材なら、委任型（信頼し権限委譲して任せる）でも組織運営に困らないとされます。

内発的動機付けが高い人材は、「自由裁量で仕事を進められること」に動機付けられるため、細かい管理や外発的動機付けは逆効果（アンダーマイニング）となります。「困ったことがあったら言ってね、いつもありがとう」。

これくらいのコミュニケーションで成立するということです。そういう部下が組織にあふれていると、上司も同僚もすごくらくになります。

ただし、成熟度のレベルに応じて、そこまでいかない人にはコーチングで伴走者として寄り添う必要があり、成熟度が極端に低い人には手取り足取りティーチングで教えないといけないため、成熟度が低かったり、パフォーマンスが低かったりする部下が多いほど、上司の負担は大きくなります。

しかし、部下が少しずつ自立していって自分の頭で考えられるようになり、自分自身で仕事に対するモチベーションを高められるようになると、上司はどんどんらくになります。部下も、上司から細かいことを言われずに自由に働けて楽しくなります。上司にかかる負担が永遠に続くわけではありません。

そのために必要なのが、ネガティブ、ポジティブ両方のフィードバックです。成熟度が低い人には、足りないところは足りないと伝えてあげて、できたところはほめる。そうすると良い行動はくり返すようになり、良くない行動は改めるようになります。

会社が期待する行動と本人の行動が少しずつ近くなってくるため、だんだんほめる頻度と任せる領域が増えていき、やがて手が離れていきます。時間的には3カ月～6カ月を要することになりますが、そこまで付き合ってあげることが上司の役割です。「部下に均等に時間と労力を割く」より「成熟度が上がるまで集中的に関わる工数を増やす」ほうが効果的です。

部下も、任されるほうが楽しく働けます。年がら年中、上司からあれこれ言われて働いているのは決して楽しくないでしょう。

人間の欲求を5つの階層に分けた「マズローの5段階欲求」のいちばん上にあるのは「自己実現欲求」、その下にあるのが「承認欲求」です。

自分が自分の裁量で仕事ができて成長していく、その結果としてお客様に喜ばれる、成果を上げて組織に貢献できる。それが、周りから感謝されて承認欲求も満たされる。これほど本人・周囲・顧客・組織にとってハッピーなことがあるでしょうか。

そこまで部下がたどり着いているとしたら、フィードバックをした上司も間違いなくハッピーになっているはずです。一朝一夕にはこの状態までたどり着きませんが、ギャップを埋めていくフィードバックはその第一歩になるはずです。

第3章からは、ネガティブフィードバックを行う方法を具体的に解説していくことにしましょう。

第3章

ギャップを整理するフレームワーク「WILL」「MUST」「CAN」

ギャップを整理する「WILL」「MUST」「CAN」

ネガティブフィードバックは、部下に厳しいことを一方的に伝えるコミュニケーションではありません。

「会社や上司の期待」と「部下の現状や志向」とのギャップをお互いに確認し、どうやったらギャップを埋めていけるかを一緒になって考えていく双方向のコミュニケーションであることは、これまでの章でお伝えしてきました。

「この部下を変えたい」「あの部下には問題がある」など「人」に焦点を当てると感情的に泥沼化します。「認識のギャップを埋めよう」「行動面がズレている問題を解決しよう」など、「発生しているギャップやズレ」に焦点を当てて一緒に解決していく姿勢のほうが対立的でなく協調的に対話が可能になります。

そのギャップが端的に現れるのが、多くの会社で年に1回、もしくは2回行われる人事評価でしょう。評価が高ければ、部下は会社や上司の期待に応えられていることになりますし、低ければ応えられていないことになります。

ただし、応えられなかった（成果が出なかった）結果を指摘するだけの評価フィードバックでは、部下の意識や行動が変わることは期待できません。なぜなら、成果が出なかった理由が不明瞭なまま評価を伝えても、部下に気づきを与えることも、成長につながる改善策を考えさせることもできないからです。部下は、内心では不満を抱えながら黙って聞いているだけになります。

「人事評価の〝モヤモヤ〟に関する調査（結果レポートと評価制度のポイント）」（2021年8月26日、株式会社識学）によれば、自社の人事評価に「不満」の割合は約45%、理由の1位は「評価の基準が不明瞭」48・3%だそうです。

成果が出ないのは、業務をこなすスキルが身についていないからとは限りません。能力は備わっていても、会社や上司から求められている役割をよく理解できていなければパフォーマンスを発揮できないこともあります。

また、仕事に対する意欲が低下していれば能力があっても行動が伴わず、成果は期待できないでしょう。成果が出ない理由は、単純に能力不足だけではありません。

成果が出ない本当の理由と解決策にたどり着くにはどうしたらいいのでしょうか。効果的なフィードバックを行うには、もぐら叩きのように発生する問題を細かく指摘し続けるのではなく、「キャリアマネジメント」という観点でギャップを埋めて合意形成していくコミュニケーションが持続性や納得性も高くおすすめです。

そのために上司が身につけておきたいのが、「WILL」「MUST」「CAN」というフレームワークです。

「WILL」「MUST」「CAN」のフレームワークは、人事やキャリア開発に関わっている方であれば、ご存じの方も多いかもしれません。キャリアデザインで広く使われていて、説明すると次のようになります。

WILL…やりたいこと。本人の意思や欲求、価値観など。

MUST…やるべきこと。求められている役割や期待など。

CAN…できること。本人の能力やスキル、強みなど。

この3つを、「どの位大きいか」「どの位重なっているか」の観点で円を描いてみると、現状のコンディションが確認できます。「すべてが大きくて重なっている」状態なら、一般的にはハイパフォーマーのはずです。「自分のやりたい仕事が、周囲から期待されている、それを実行する能力もある」ので、本人も上司も顧客も同僚もハッピーな状態です。

ただ、現実的には各社の研修でこの重なりを描いてもらうと、綺麗に大きく重なる人の出現率は10％以下というのが実感です。そして、成果が出ない場合、このWILL、MUST、CANのどこかにギャップが生じています。

上司であれば、こうした部下のWILL、MUST、CANの状態やギャップを把握していて当然だと思われがちですが、実際のところ、把握できているのはごく少数派です。

管理職研修で「部下のWILL、MUST、CANを書いてみてください」と投げかけると、特に「成果が出ていない部下」のことほど書けない上司が多く存在します。

「WILL/MUST/CANのフレームワーク」

良い状態

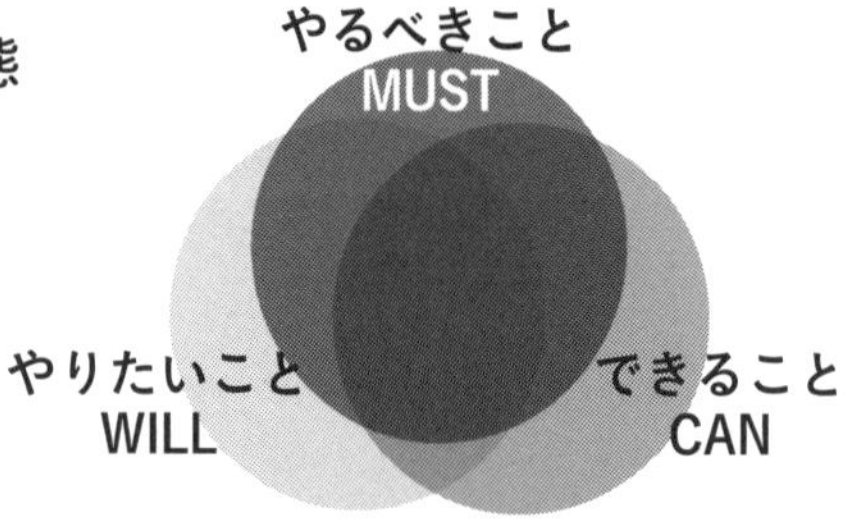

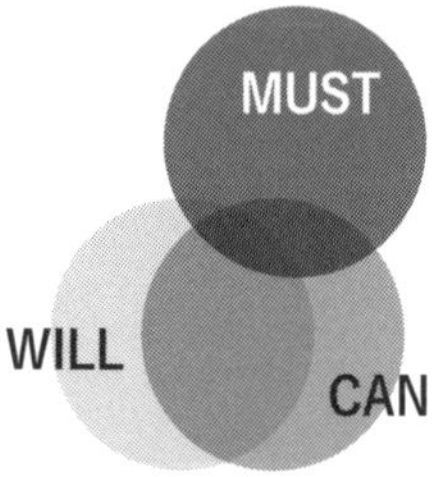

期待と志向・能力が
合わない

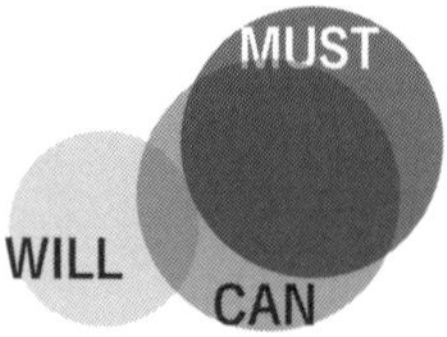

やりたくないが
出来ている

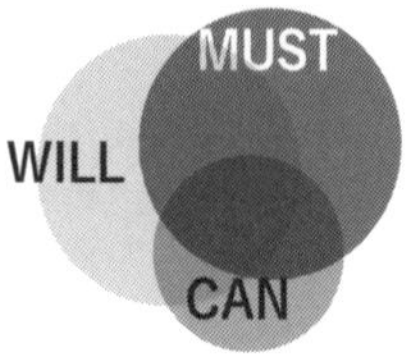

やる気はあるが
能力が足りない

上司がある程度把握しやすいのは、MUSTとCANではないでしょうか。

部下に「期待していること」は上司自身が考えていることなのでわかって当然です（それさえも明確に言語化できていない上司も散見されますが、その状態で部下の成果が出ないのは、はっきり言えば部下ではなく上司の責任です）。

また、仕事の様子を観察したり、能力評価を確認したりしていれば、部下の「できること」、「できないこと」はわかります（これも、リモートワークの普及や業務の複雑化で把握できていない上司が増えています）。

逆に、理解が不足しているのが、WILLです。

「どんな仕事を望んでいるのか、仕事における喜びは何か、将来はどんな人生やキャリアを想定しているのか、プライベートでは何を大事にしているのか」など、部下の本音や価値観を理解している上司は少ないです。

理解していない理由は、シンプルにWILLについて部下と話したことがない、聞いていない上司が多いからです。

日常業務を遂行するうえでは、「何をして欲しいのか」「それができたのか」という

ＭＵＳＴとＣＡＮの確認だけで事足りるため、時間がない上司は悪意無く部下のＷＩＬＬを把握せずにマネジメントをしているケースがあります。

しかし、ＷＩＬＬの確認は、行動変容を促すうえでは重要なことです。

部下が「何をしたいのか」を知らずに上司が一方的に「して欲しいこと」「必要な能力」を伝えても、部下には「やらされ感」だけが蓄積されていきます。

部下の本音を理解していなかったり、上司が勝手に解釈したりした状態でフィードバックを行えば、ギャップが埋まるどころか部下は強く反発して終わるでしょうし、上司への不信や失望が広がることになります。

部下のＷＩＬＬを純粋な関心をもって引き出すコミュニケーションは、フィードバックの起点になります。

「ＷＩＬＬ」がどんどん小さくなるのはなぜ？

たまに「あの部下はやる気がない」「そもそもモチベーションが低い」「たぶん、今の生活を維持する以上のＷＩＬＬはない」という上司もいますが、日々働いている以上、原則的にＷＩＬＬは誰にでもあります。

もし働く意欲（ＷＩＬＬ）が完全にゼロだったら、毎日就業しないはずです。

そして、職業選択の自由があり自分の意志で応募してきた以上、「入社した当初からＷＩＬＬが何もない」という人はいません。

「この会社でこういう仕事がしたい」「この仕事なら社会に貢献できる」「この給与を得ることで、こんな生活を送りたい」「会社のここに魅力を感じた」「この会社なら自分の夢を叶えられる」「通勤が便利で、趣味や家族との時間が取れる」など、自分のやりたいことを大なり小なり持った状態で入社してきたはずです。

企業側も、意欲がゼロの人材を採用しないはずです（もし意欲ゼロの人を採用していたとしたら、責任は本人ではなく人事にあります）。しかし、職業経験を重ねることで、少しずつＷＩＬＬが小さくなってくることがあります。

特に、ローパフォーマーになっている方は、このＷＩＬＬが小さくなっている、または見失っている可能性があります。

小さくなるとは、仕事を通じてのやりがい、情熱やモチベーション（最近だと「ワークエンゲージメント」と表現することもあります）、つまり仕事に対しての熱意が薄れているということです。やる気がなくなれば、いくら能力があっても成果は出にくくなります。

ＷＩＬＬが縮小する原因として考えられるのは、ひとつは「理想と現実のギャップ」です。

組織の中に入れば、「配属ガチャ」のように自分が期待していた仕事をやらせてもらえないこともあるでしょうし、なかなか思うように成果が出せないこともあるでしょうし、良好な人間関係が築けない場合もあります。上司や組織の体制が変わり、自分では頑張っているつもりでも、自分が思う通りの評価を得られないこともあります。

うまくいかないことが少しずつ積み重なることで自信や意欲が低下し、ＷＩＬＬが徐々に小さくなっていきます。

もうひとつは、仕事に対する「飽き」です。

当初は熱意を持っていても、何年も同じ仕事をくり返していると、人間は飽きてきます。心理学では「心的飽和」と呼び、同じ作業を反復すると徐々に飽きが生じます。

また、できて当たり前の仕事なので、周囲から注目されることも、承認されることもなくなります。「仕事に刺激がない」「周囲からの承認もない」単調な日々が続けば、モチベーションがダウンしないほうが不思議です。

他にも、上司や同僚とうまくいっていない、体の調子が悪い、新しい技術や知識を習得するのが億劫、若い頃のように動けなくなった、プライベートなことでトラブルを抱えているなども、ＷＩＬＬが小さくなる原因と考えられます。

なかでも、上司の対応が部下のＷＩＬＬを小さくする危険性は高いです。

それは、コミュニケーション不足からくる会社や上司への不信感です。やりたいことや考えていることを理解しようとしない、仕事への賞賛や承認が与えられない、部下の提案や相談に耳を傾けようとしない、望んでいる仕事や役割がまったく与えられないなどといった関係が続けば、仕事に対する意欲は確実に低下します。

特に、中堅やベテランの部下には、同じ業務を与えっぱなしにしてこまめなコミュニケーションや承認を与えていない上司は多いようです。

理由を聞くと、「キャリアのある社員はやる気があって当たり前、やりたいことや希望を改めて聞くのは違和感がある」「もうすぐ定年のベテラン社員とＷＩＬＬの話をしても現実的に職務も処遇も変えられないので意味がない」「昔からやっている仕事なので出来て当然、ほめるほどのことはない」などのコメントが出ますが、ベテランであっても、やる気を維持するにはコミュニケーションや周囲からの注目や承認が不可欠です。

何歳になっても、自分のやりたいことや思っていることは聞いてほしいものですし、それを認めてもらえたり、ほめられたりするのはうれしいものです。

ベテラン社員向けのキャリア研修では、「上司からの手紙（期待や日頃の感謝など）」をこっそり上司に書いてもらっておき、当日にサプライズで渡すケースがあります。その際はみなさん「改めて言葉にしてもらえて感動した」「自分のことを理解してくれていてうれしい」「期待に応えたいと思えた」など、とてもうれしそうな顔をします。

上司の中には、自分が部下として働いていた頃、上司から「数字は達成できたのか？」「今週はどうだ？」と言われ続け、「できました」「できませんでした」と結果だけで判断されるマイクロマネジメントを受け続けていた人もいると思います。

自分が上司という立場になって、いきなり部下にＷＩＬＬを聞くスタイルに変換するのは難しいかもしれませんが、上司自身のスタイルをアップデートすることも、フィードバックには重要です。

部下自身の「WILL」を知らずにネガティブフィードバックはできない

自分のキャリアについて上司と話す機会や自分で考える機会を持たず、目の前にある業務をこなす時間が何十年も続くと、WILLが小さくなるだけでなく、そもそも自分のWILLがわからなくなる人もいます。

「志望動機は入社時の面接で話しただけで、その後一回も考えても話してもいない」「どうせ配属も目標も会社が決めるので、WILLを考えても意味がない」という社員は普通に存在します。そして、現実問題としてローパフォーマーには「自分のWILLがわからない・考えたことがない」というタイプが多いです。

「意欲満々だけど方向性がズレている」タイプなら軌道修正しやすい場合もありますが、意欲自体を本人が見失っている状態だとコミュニケーションのフックが極めてかけにくいです。

WILLが本人もわかっていない部下へネガティブフィードバックを行うには、

ＷＩＬＬを引き出す作業がフィードバックの前に必要です。

部下が「自分がやりたいのはこういう仕事だった」「仕事を通して実現したかったことはこれだった」などと再認識することが、ギャップの認識につながり、フィードバックを受け入れて意識や行動が変わるきっかけになります。

ＷＩＬＬを把握しないまま、部下に「この役割をやってもらわないと困る（MUST）」、「このスキルを身につけてくれないと評価を上げられない（CAN）」などと言ったとしても、部下の心に響くことはないと考えておきましょう。

当然ですが、「ネガティブフィードバックする当日にＷＩＬＬを作業的に聞く」のでは意味がありません。「日常の１ｏｎ１やコミュニケーションの中で、信頼関係を築きながら一人ひとりのＷＩＬＬを把握しておく」ことが、いざネガティブフィードバックを行う際の土台になります。

「能力自体はあるのに成果が出ない」ローパフォーマーの場合、やる気がないわけではなく、働く価値や意味（仕事観）を見失っていることがあります。

慶應義塾大学ＳＦＣ研究所上席所員の高橋俊介氏によると、仕事観には大きく分けて3つあるとされています。[1)]

①内因的な仕事観…仕事を通じたやりがいや達成感、心理的報酬を得ることがうれしくて働く。

②功利的（外因的）な仕事観…仕事を通じた経済的なリターン、経済的報酬が目的で働く。

③規範的な仕事観…世のため、人のためになるという社会的報酬がうれしくて働く。

仕事観それぞれに優劣があるわけではなく、誰もが割合の違いはあっても混在して持っていて、働く原動力になっています。

つまり、私たちが働き続けられるのは、「収入を上げる」「昇格する」「肩書きが付く」などといった経済的報酬だけではなく、仕事を通じて周りから感謝されたり、開発に関わった製品が世の中の役に立ったりするなどといった、心理的報酬や社会的報酬も原動力になっています。

3つの仕事観のバランスは、ライフイベントでも変化します。

たとえば、子どもが進学する時期や親の介護が必要な状況になると、とにかく経済

1）『プロフェッショナルの働き方』（PHP研究所　高橋俊介）

的報酬を優先するかもしれません。子どもが独り立ちして住宅ローンも終われば、地域社会の役に立つ規範的な仕事観で働くことが楽しくなるかもしれません。

経済的な制約条件が少ない若手社員であれば、収入よりも仕事を通じて成長できるか、良い人間関係を構築できるかなど内因的な仕事観を重視する人も多いでしょう。

本人のライフイベントや取り巻く環境によって何を重視するかは変わってきます。上司としては、定期的に「今の部下のＷＩＬＬ」を確認しておくことを推奨します。

しかし、ＷＩＬＬが小さくなったり、わからなくなったりしている人にいきなり「なぜ働くのか」という問いを投げると、返ってくるのは「家族を養うため」「お金のため」「生活のため」という経済的報酬だけの場合も多いです。

しかし、その回答の裏側には、次のようなネガティブな本音もあります。

「家族を養うため（には、嫌な仕事も引き受けなければいけない）」

「お金のため（には、我慢しなければいけない）」

「生活のため（に、どうしても会社を辞めるわけにはいかない）」

これでは、「ＷＩＬＬ（したい）」ではなく「ＭＵＳＴ（しなければいけない）」で働いている状態なので、モチベーションを長く維持するのが難しいと思います。

経済的報酬だけでの動機付けでも、経済が右肩上がりで成長している時代であれば、心を満たしてくれるだけの経済的報酬を得られたかもしれません。

しかし、厚生労働省の統計（令和2年版　厚生労働白書）によると、日本人の平均給与（実質）は1989年が452・1万円で2018年が433・3万円と、30年近くほとんど変わっていない（むしろ減少）状態なのですから、なおさら経済的報酬のみでの動機付けは困難です。

高年齢者雇用安定法が改正され70歳までの就業機会確保の努力義務化が始まるなど、長く働く時代にモチベーションを長く維持するには、ライフイベントに合わせて3つの仕事観をバランスよく持つことが大切です。そのためにも、見失っている、経済的報酬以外の働く価値を思い出してもらう必要があります。

それが、WILLを引き出すためのコミュニケーションです。

「WILL」は強制的に引き出せない、上司と部下が一緒に考える

部下のWILLを引き出すために、私がおすすめしていることは、まず、上司自身が「なぜ、自分はこの会社で働いているのか?」「自分は仕事を通じてどういう瞬間にうれしいと感じているのか?」「どんな人生にしたいのか?」「何を大事にしているのか?」など、自分のWILLを掘り下げてみることです。

管理職向け研修でも、「そう言えば、自分自身もWILLを考えずに働いてきた」と口にする管理職は多いです。

自分のWILLを内省することで、面談のときに、「私の場合はこういうことを大事にして仕事をしているけど、あなたの場合はどうですか?」と部下に投げかけられるようになります。参考があれば、部下も「私も○○さんと同じように〜」とか、「私は○○さんとは違って〜」などと答えやすくなります。

ＷＩＬＬの引き出しに失敗するケースは、「あなたはいったい何をやりたいの？」「仕事のやりがいは何ですか？」「人生どうなりたい？」など、部下のＷＩＬＬを一方的に、強制的に引き出そうとするコミュニケーションです。

逆に、あなたは同じように聞かれてすぐに答えられますか？

自分のＷＩＬＬを考えたことがなければ即答するのは難しいと思います。それどころか、「下手に真面目に答えると目標を上乗せされそう」「大きなことを言うと笑われるかもしれない」「将来転職や起業を考えていると言ったら、評価を下げられそう」などと、本音を隠して適当に答えるかもしれません。

ＷＩＬＬを目標設定に紐づけたい・部下をうまくマネジメントしたいという上司の下心を、部下は敏感に察知します。

部下のＷＩＬＬは、上司が部下へ人として純粋な関心を持ち、自分も本音を開示しながら本音を引き出してこそ意味があるのです。

そのためのコミュニケーションに必要なのが、心理的安全性を担保したうえでの相互の自己開示です。そして、最初に自己開示するのは上司側です。上司自身が最初に自己開示をすることで部下が答えやすくなる（答えたくなる）効果を「自己開示の返報性」と言います。

見失っているＷＩＬＬを引き出すには、次のような問いかけもあります。ＷＩＬＬは、必ずしも「つきたい職種」「やりたい仕事」に限りません。「ありたい姿」「嬉しい瞬間」「働く原動力」など、仕事関係でなくてはならないという縛りもありません。過去・現在・未来など、いろいろな時間軸で自由に語ってもらいましょう。


「仕事や趣味で時間を忘れるほど熱中したことはどんなことですか？」

「この会社に入社した理由は何ですか？」

「職業人生で最も感動したことはどんなことですか？」

「最近、仕事を通してうれしいと感じた体験を教えてもらえますか？」

「今、一番こだわっていたり関心を持っていることは何ですか？」

「こんな人になりたい、見習いたい、というロールモデルはいますか？」

「働くうえでの原動力は何ですか？」

「人生で、これだけは譲れないということはありますか？」
「定年などで退職する日に、周囲からどう言われるとうれしいですか？」
「制約条件がなければ、どんな人生を送りたいですか？」……。

日本型雇用システム（新卒一括採用、年功序列、終身雇用が一体化した雇用システム）の運用が難しくなった現代では、会社がキャリアの主役ではなくなりました。

会社という枠組みに縛られず、自分が考えるキャリアを自分で実現していく時代では、「なぜ、自分は働いているのか？」「どういう人生を送りたいのか？」といったWILLがとても重要です。

「部下が何をしたいのか、どんな人生にしたいのか、聞いたこともないし、話し合ったこともない」という上司は多いです。

だからこそ、部下の意識や行動を変えたいなら、まず、上司が先に変わりＷＩＬＬを起点としたコミュニケーションに挑戦しましょう。

「MUST」のズレはなぜ起きる？

MUSTにズレが生じるのは、若手社員でも「やりたかった仕事と配属された仕事内容が違った」「仕事内容が想像と違った」などで発生するケースがありますが、経験を重ねた中堅・ベテラン社員の場合が多いです。

経験と能力があるにもかかわらず期待通りの成果が出ないのは、会社や上司が求めているMUST（やるべきこと）を、本人が正しく理解していなかったり、都合よく解釈したりしていることが原因と考えられます。

人間には矛盾した性質があり、「変化しないと飽きる」一方で、「変化を嫌う」側面があります。

たとえば、若手社員にMUSTのズレが発生しにくいのは、入社したばかりで期待のすり合わせを頻繁に行っているだけでなく、新しい仕事に対して少し背伸びをしながら新しいスキルを習得し、新しいチャレンジをしている時期だからです。本人も上司も、ある程度失敗や試行錯誤を前提としながら働きやすい環境にあります。

そういう「ストレッチゾーン（背伸びした状態）」にいるときには、人は大きな幸福感と集中力を得られるといいます。これは「フロー体験」と呼ばれる現象です。

一方で、キャリアを重ねて、新しいスキルの習得やチャレンジといった刺激がなくなり、ルーティンワークをくり返すだけになってくると、「飽き」や「退屈」を感じるようになりますが、「新しい変化をすることが面倒くさい、失敗が怖い」という心理も働き始めます。

そして、その状態が長く続くと、「変化しない状態」がとても居心地のいいものになります。慣れた仕事なのでそれほどエネルギーを使うことはなく、リスクも小さくなるからです。この状態は「コンフォートゾーン（居心地が良い状態）」と呼ばれます。

コンフォートゾーンに入ると、失敗するリスクを冒すことやそこから出ることに面倒や怖さを感じるようになります。

そうなると、「自分の行動に一貫性を持たせたい」という人間の本能的な心理である「一貫性の原理」が働き、「今の仕事は求められていることなので、これ以上のことをやる必要がない」と変化しないことを自己正当化するようになります。

筋が通っているようですが、柔軟性がなくなり、新しいことにはチャレンジしなくなると、変化を求められるビジネス環境ではギャップが広がっていくことになります。

それが、「一応、言われたことはやるけれど指示待ちになっている」「会社の期待を自主的に上回る努力をしてくれない」と、MUSTのズレが生じる原因になります。


「私の仕事のスタイルはこれだ」「私はこの仕事が役割だ」と自分で限定すると、会社の新しい仕事の進め方に対応できなくなる人もいます。

たとえば、会社が戦略的にオンライン商談やウェブマーケティングなどに積極的に取り組んでいるのに、「コツコツとお客様を回るのが私のスタイル」「膝を突き合わせて対面して足で稼ぐことが私の役割」と、頑なに自分のやり方にこだわれば、周りからは「あの人は、会社の流れとズレているよね」と思われるようになり、やがて成果も出なくなります。

特に現在は、DX化やAI活用など、日進月歩で期待される働き方がアップデートされる傾向にあります。

それでも本人は、「以前と変わらず、コツコツ頑張っているはずなのに」と、MUSTのズレによる低い評価を受け入れられません。


MUSTのズレは、放っておくとさらに大きくなります。


上司は「今、会社から求められているものとズレています」「今後の経営戦略はこういう方向です」ということをちゃんと伝えておかないと、本人は「このままでいいんだ」とこれまでのスタイルのまま悪意無く働き続けることになるからです。

従来の行動ではズレが生じている場合は、その旨はしっかりフィードバックしてあげることが、部下を早期に立て直すことにつながります。

MUSTにおいても、WILLと同じように、根っこにある問題は、上司と部下のコミュニケーション不足です。

「中堅・ベテラン社員だから、細かいことまで言わなくてもわかるよね」という阿吽の呼吸に期待せず、キャリア豊富な人たちだからこそ、会社が求める役割や仕事を丁寧に伝えてすり合わせる必要があります。

「CAN」が不足する理由とは

上司からすると、部下のCANのズレはわかりやすいものですが、部下本人は気づいていない、または薄々気づいていても改善できないことがあります。

CANのギャップは、未経験で入社した若手社員や配属直後の社員が抱えるケースが多いです。ただ、入社直後や配属直後の場合、OJTやメンター制度や研修など、能力開発機会も比較的多く、本人も上司も「わからないことや出来ないことがある」という前提なので比較的軌道修正もしやすいです。

お互いに、この期間でしっかり「どんな能力を習得する必要があるか」「どんな能力を習得して欲しいか」「現在の習得状況や発揮状況はどうか」など、こまめにすり合わせとフィードバックをくり返すことでCANは拡大しギャップは埋まっていきます。

一方、過去の経験を通じて能力や知識はあるが、変化することに抵抗があったり、自分のやり方に自信があったりする中堅・ベテラン社員は、環境変化に伴い能力が不足していることを認識しにくい場合があります。

本人が能力開発の必要性に気づいていないにもかかわらず、「あれをやれ、これをやれ」「もっと勉強しなさい」「このスキルを身につけなさい」と言われても、「やらされ感」がある状態では前向きに取り組むことはできません。

「強制されると反発したくなる」という「心理的リアクタンス」が働きます。

脳科学的な観点でも、興味がなく必要性を感じない情報は長期記憶もされにくく、指示された瞬間は取り組むかもしれませんが、長期的な能力開発につながることは難しいです。

CANのズレを埋めるために大切なことは、自発的な能力開発です。

自分から、「この能力は絶対に必要」「この能力を高めることが、自分にもメリットがある」と思えば、最終的には上司の指示がなくても業務時間外でも自発的に勉強を続けていきます。

だからこそ、重要になるのが、ＷＩＬＬとＭＵＳＴの整理と結合です。

上司とコミュニケーションをくり返すなかで、部下が「会社が自分に求めていること、自分がなりたい姿、やりたいこと、自分ができること、どこをどのように埋めていき、自分にどういう能力があればこれらを重ね合わせていけるのか」を自ら考えられるようになったときにはじめて、上司からのフィードバックが「叱責」ではなく「助言」と受け入れられ、自発的に自分の能力を磨き始めるようになります。

上司が気をつけることは、ＷＩＬＬを引き出したり、ＭＵＳＴを伝えたりするときと同じように、一方通行のコミュニケーションにならないことです。

「あなたがやりたい仕事はこういうことですか？」。「そのためにはどのような能力が必要だと思いますか？」「必要な能力をどうやって伸ばしていきましょうか？」「どういう能力があると、将来的にありたい姿に近づきますか？」「上司や会社から、どんな支援があると能力を高めやすいですか？」など、部下にボールを投げ続ける（問いを立てる）ことが大切です。

部下のＷＩＬＬをちゃんと引き出し、会社が求めているＭＵＳＴを丁寧に伝え、そして不足しているCANは何なのか、どうやって伸ばしていくといいのか、上司と部下が一緒になって考えていくことができれば、現時点では能力面にギャップがあるローパフォーマーであっても、一定のレベルまで成果を上げられるようになります。

「WILL」を実現するための「自発的行動」が部下を飛躍的に成長させる

ローパフォーマーの部下が、WILL、MUST、CANを整理することで劇的な成果を上げるようになった事例を紹介します。

ある製薬会社でMR職として働く50代のAさんの話です。

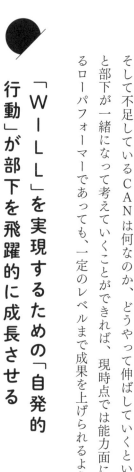

MR（Medical Representatives）とは、医療従事者に対して、自身の会社の医薬品を選択してもらえるよう情報提供を行う仕事です。医薬品の営業的な職種といったほうがわかりやすいかもしれません。

MR職を取り巻く環境は、法改正や製薬市場の変化やテクノロジーの進化によって大きく変化してきているといわれます。

環境が変われば、昔ながらの営業スタイルでは対応できなくなります。しかし、Aさんは、環境の変化に薄々気づきながらも、新しいやり方を身に付けようとはしませんでした。当然ですが成果を出すことが年々難しくなり、直近では2年連続で最も低い評価を受けることになります。

Aさんのように新しいスタイルに対応できない社員が複数いる状態になり、会社としてはこのまま放置できなくなったため、弊社に相談に来られました。ここからAさん・Aさんの上司・人事とともに改善を図っていくことになりました。

当初は「自分には関係ない」「余計なことを言うと色々と押し付けられそう」と警戒していましたが、時間をかけて接する中でAさんは、次のように自分の本音を話してくれました。

「世の中の流れや環境の変化に私自身も対応しなければいけないのは頭で理解していましたが、今まで足を運んでいた地域や病院、医師とはこれまで通りのやり方で何とか仕事が入ってきていましたので、まあいいかと。評価が低くてもクビになるわけではないし。

それに、50歳を過ぎて今さら慣れ親しんだやり方を大きく変えるのはハードルが高い、わからないことを周囲に聞くのは恥ずかしいという思いもありました。そうしている間に、ずるずると現在のような状況に……」


Aさんに最初にやってもらったのは、内省（自分自身を見つめ直す）です。

「自分が置かれているのはどういう状況なのか」「その状況に自分は何を感じているのか」を考えてもらいました。Aさんには自己認識にズレがあるようだったので、「今の自分は会社にとって困った状態なのかどうか」を掘り下げてもらい、先ほどのコメントにつながったというわけです。

自分が置かれている立場を理解できたところで、次に、「これからどうしたいのか」「どんな自分でありたいのか」について考えてもらいました。WILLの確認です。

AさんからでてきたWILLは、「やっぱり、長年働いてきた営業所の中で後輩から頼りにされる存在でありたい。付き合ってきた地域の医療機関やドクターからの信頼も勝ち取りたい」。

ＡさんのＷＩＬＬを把握できたところで、改めて上司からＡさんへ会社が求めていること（ＭＵＳＴ）を文書化して伝え、ＭＵＳＴと自分のＷＩＬＬを実現するために不足していること（ＣＡＮ）を洗い出してもらいました。

上司の期待も「経験豊富なベテランとして、自分の営業成績だけでなく若手や周囲に良い影響を与えて欲しい。学習や挑戦する姿勢を周りに示して欲しい」と、ＡさんのＷＩＬＬとかなり重なっていることが確認できました。そのうえで、「現在の業務姿勢は、残念ながら期待からは乖離がある」という厳しいフィードバックも行いました。

ＷＩＬＬとＭＵＳＴが重なり、ＣＡＮの課題が見えてきたら、次は行動計画です。行動計画に決まった形はなく、人によってケース・バイ・ケース。まずはＡさん本人に、自分に何が必要なのか考えてもらいました。

Ａさんが出した答えは、最新の医療情報の取得と併せて、働き方のアップデートです。そこで、どうすればいいのか上司と一緒にプランを練った結果、「無駄なプライドを捨て若手と一緒に学び直す」ことを大きな柱にしました。新しい状況に追いついていくための能力開発計画です。

ただし、すぐに行動に移したわけではなく、さらに数回にわたって上司と部下で話し合いながら、「この計画であれば、半年くらい続けていくことで成果につながりそうだ」「学んだことを、営業所内にどうアウトプットするか」というレベルにまで計画をブラッシュアップしました。

最大のポイントは、行動計画を立てるのは部下本人で、上司は支援とアドバイスに徹する、ということです。自発的でなければ能力開発につながらないし、上司主導になると「やらされ感」が生まれて、続かないからです。

Aさんも自分の意思で決めた行動計画に沿って一念発起し、まず「新入社員、2年目、3年目の勉強会などに私も参加させてください」と自主参加しました。ベテラン風を吹かせるのではなく、一緒に学びたいという気持ちもしっかり伝えました。

さらに、そこで得た知識や現場で行った工夫を部門内に発信するようにもなりました。Aさんが昔ながらのやり方にこだわっていることを知っていた周りは、最初はかなり驚いていたそうですが、地道に継続することで周囲の目も好意的に変わっていきました。

1年後には「あの人、変わったね」「ベテランのAさんが努力している姿は良い刺激になる」と周囲から認められるようになり、評価も大きく改善しました。

部下に対して何の敬意も関心も持てないなら管理職には向いていない

現在ローパフォーマーの状態にある部下も、以前は意欲的に働いて、会社の期待に応える成果を出していた頃があったはずです。

入社して間もない社員や若手社員ならともかく、中堅・ベテラン社員なら、「会社を支えていた」と自負する人もいるでしょう。入社以来低空飛行の状態で、何十年も会社に在籍するのは無理があります。

彼らの成果が出なくなったのには、必ず理由（ギャップ）があります。その理由を探るためのフレームワークが、WILL、MUST、CANです。そして欠かせないのは、上司と部下のコミュニケーションと真摯なフィードバックです。

ＷＩＬＬの引き出しに失敗するケースとして、そもそも部下のＷＩＬＬを聞かない、威圧的・強制的に答えを求める、目標を上乗せするために尋問的に質問する上司を紹介しましたが、このような向き合い方をしてしまう上司は残念ながら存在します。なぜ、そうなるのでしょうか？

それは、部下に対する敬意や関心がない場合が多いです。

「どうせ、この部下はやる気がない」「今さら変わる可能性は少ないが、最低限周囲や自分に迷惑をかけて欲しくない」「与えられた仕事を遂行するのは当然で、やる気の有無は関係ない」「つべこべ言わず、指示した通りに動いて欲しい」など、上司側が根本的に考えていると、その姿勢は相手に伝わり更にやる気を失わせていきます。

「好意の返報性」もありますが「悪意の返報性」も存在します。

一方、素直に敬意と関心をもって部下と向き合うことができれば、コミュニケーションは円滑になります。部下の話に、しっかり耳を傾けることができるはずです。

部下に対して敬意や関心がないと、ネガティブフィードバックは単なる「あら捜し」や「詰め」になってしまい、失敗に終わる確率も高くなります。

「厳しいことを言ってやろう」「自分の思い通りに動かそう」と圧力をかけるような言葉や態度になったり、上司側の結論ありきで話を始めてしまって部下の話に耳を傾けなかったり、「どうやって挽回するんだ」「何であんな行動をしたんだ」と過去を責めるような口調になったりなど、上司のスタンス自体に問題がないか、自身を振り返る姿勢も重要です。

ネガティブフィードバックは、部下の「人格」や「性格」を否定することではなく、上司と部下が発生している「ギャップ」や「問題」について話し合いながら解決方法を考えることです。

最近は自律的に働く「キャリア自律」や「キャリア開発支援」の重要性が注目されていますが、それでも経営者や上司の中には「部下のWILLを聞くと、大人しく働いている寝た子を起こすことになる」「部下がWILLを考えると、異動や離職を誘発しそうで怖い」「WILLとMUSTのギャップを伝えると、より意欲を失うのではないか」という意見を聴くこともあります。
ただ、考えていただきたいことは「寝た子の集団で勝てるほど、みなさんを取り巻くビジネス環境は甘いのか」「部下のＷＩＬＬに蓋をするのではなく、ＷＩＬＬとＭＵＳＴをつなげるための対話を心がける」「他の部署や会社に目を向けさせないのではなく、今の仕事でやりがいを感じさせる工夫を行う」という観点です。

前例のない変化が続くＶＵＣＡの時代、ＷＩＬＬがない、またはＷＩＬＬとＭＵＳＴがズレている集団が長期的に顧客や社会へ新しい価値を提供し続けるのは難しいと考えています。

部下に気づきや成長の機会を与えられる上司になるには、「この部下は改善できるはず」「この部下は、何を大事にして働いているのか」「この部下に成長して充実したキャリアを描いて欲しい」「会社と個人がＷｉｎ－Ｗｉｎになるにはどういう状態がベストか」という部下に対する敬意と関心を持つことが何よりも大切なことを忘れないでください。

第4章

「何を言うか」より「誰が言うか」が重要（日常のマネジメント）

フィードバックの38%は逆効果になる

本書ではフィードバックの重要性を伝えていますが、何の準備もなく行うと逆効果になる場合があります。

「The Effects of Feedback Interventions on Performance」(Kluger, A.N., & DeNisi, A. 1996)によると、2万3663件の観察結果でフィードバック介入は平均してプラスの効果があるが、38%はパフォーマンス低下を招いたそうです。

また、「Employees Want a Lot More From Their Managers」(JIM HARTER & AMY ADKINS 2015)によると、マネージャーと健全な信頼関係を構築し、パフォーマンスについて定期的なミーティングをしている人は、しない人よりエンゲージメントが3倍というデータもあります。

ポジティブ・ネガティブにかかわらず、フィードバックの効果を高めるには、面談をする当日だけではなく、それ以前の日常的なマネジメントが重要です。普段の部下とのコミュニケーションを通して信頼関係を構築できていなければ、面談での上司の言葉は賞賛でも注意でも部下の心に刺さらないからです。

特に、厳しいことを伝えるネガティブフィードバックは、良くも悪くも部下にショックを与えます。そのショックが行動変容のトリガー（引き金）になることもありますが、その言葉を部下が過度に否定的なニュアンスで受け止めれば、上司との関係性が悪化するだけで、何も行動が変わらないという最悪なケースになります。

ネガティブフィードバックの面談は、部下との真剣勝負の場です。

何の準備もせずに勝負の場へ出向けば、負けるのは必然です。負けるとは、部下の意識や行動を変えることができず、部下との関係性が悪化し、本人と組織のパフォーマンスが改善しないということです。

そのための準備が、日常的なマネジメントです。具体的には、日頃の部下とのコミュニケーションの蓄積です。

日頃から部下の声に耳を傾けてＷＩＬＬを把握していたり、会社が部下に期待するMUSTを伝えたりしていれば、部下は耳が痛いことを伝えられる前に自分に足りないCANに気づけることもあるでしょう。

また、事前に「そう言えば、いつも言われていたな」という意識ができていれば、ネガティブフィードバックでの上司の厳しい言葉も唐突感がなくなり受け入れやすくなります。

逆に、日頃のコミュニケーションが不足している状態で、面談当日に突然予期せぬ問題点を指摘されても、部下は素直に聞けないでしょうし、心の中では「今まで、そんな指摘は一度もしてこなかったくせに」「自分の何がわかって、そんなことを言うのか」と反抗的になってしまいます。

ネガティブフィードバックにおいては、「何を言うか」「どう言うか」というテクニックも必要ですが、日常の信頼関係有無による「誰が言うか」が成否を分けます。

「フィードバックの道は、1日にしてならず」です。

第4章では、効果的なネガティブフィードバックにつなげるための日頃のコミュニケーションのコツを解説していくことにしましょう。

フィードバックは、ポジティブ4：ネガティブ1

第1章で、フィードバックには、ネガティブとポジティブがあると話しましたが、ネガティブフィードバックの効果を高めるのが、日常のポジティブなフィードバックです。

ポジティブフィードバックとは、「ほめる」「認める」「注目する」「感謝する」などですが、わざわざ面談の時間をとる必要はありません。

仕事をしているときや仕事が終わったときに、「今回の企画書、よく整理されていてわかりやすいね」「昨日は急な対応ありがとう」「さっきのミーティングでのあの質問は良かったね」などと、上司から見て、いいなと思ったことに「良かったです」「感謝しています」と声をかけるだけでいいのです。イメージとしては、部下の言動について「イイね」ボタンを押すイメージです。

それだけで、自分の行動により承認欲求と帰属欲求が満たされた部下は、心が前向きになり、その行動をくり返したくなります。行動の強化だけでなく、上司に対する親近感や信頼感も増すことになります。

私は、フィードバックの割合は、ポジティブ4以上、ネガティブ1以下の割合を意識してくださいとお伝えしています。

ワシントン大学名誉教授ジョン・ゴットマン博士が研究した、人間関係におけるポジティブ・ネガティブの適切な比率「ゴットマン率」によると、「親子3：1」「上司部下4：1」「夫婦5：1」「友人8：1」と言われています。

コンサルティング現場の実感値としても、4：1くらいの比率が適切だと感じています。これよりネガティブが増えると部下が委縮して不信感が増えて、離職や意欲低下のリスクを招きます。

普段、部下の良い面をしっかり見てポジティブな評価を伝えている上司であれば、必要なときに厳しい指摘を伝えても部下は素直に耳を傾けてくれます。

4：1は、1回の面談のなかでの割合ではなく、日常のコミュニケーションも含めた全体での割合です。

ちなみに、1回の面談で「1個指摘して他4個ほめる」というハイブリッドをすると、「結局、この面談で何が言いたかったのか？」「私はほめられたのか？　叱られたのか？」と論点がブレて効果が低くなります。また、わざわざ指摘する必要がない部下へ「4回ほめたから1回は指摘しないと」と義務的にやるものでもありません。

減点主義で気になったときやミスしたときだけ指摘するのではなく、上司はもっと、「あなたのことを気にしていますよ」「あなたのことを応援していますよ」「あなたの行動は良かったですよ」というポジティブ（肯定的）なメッセージを部下に送り続けるコミュニケーションが重要です。

日常的にポジティブなメッセージを8割くらい送りながら、どうしても足りない部分や改善してほしい点があったときに、「今日は改善してほしいところについてお話ししたいと思っていますが、今話しても大丈夫ですか？」と声をかけると、部下も受け入れやすくなります。

ポジティブなコミュニケーションは、必ずしも業務や成果に対するフィードバックに限りません。「相手に肯定的な感情やメッセージを伝える」こと全体を指します。「ほめる」「承認する」「信頼する」「感謝する」「任せる」「微笑む」「喜ぶ」「明るく声をかける」「意見を求める」「興味をもって質問する」「仕事に意味づけする」「理想や目的を語る」「理解を示す」「仕事以外の会話を楽しむ」「イイねボタンを押す」「部下の投稿にコメントする」「注目する」「話を最後まで傾聴する」「誠実な関心を持つ」「喜怒哀楽の感情に共感する」「受け止める」「受け入れる」「達成を支援する」「夢を応援する」「気づきを促す」「寄りそう」「一緒に考える」「うなずく」「目を見る」……。

バーバル（言語）・ノンバーバル（非言語）の総体が8割以上ポジティブであれば、部下との関係性は良好になっていくはずです。

逆に、こうした肯定的なコミュニケーションをまったく行わない機械のような上司であれば、部下にすれば生成系ＡＩとチャットをしているほうがよほどマシです（最近のＡＩは、寄り添った表現も得意になっています）。

「ポジティブ心理学」で有名なマーティン・セリグマン博士が、「ウェルビーイング」を高める5つの要素として「PERMAモデル」を提唱しています。[2)]

Positive emotion：前向きな感情
Engagement：仕事や趣味への没頭・没入
Relationship：良好な人間関係
Meaning：取り組むことへの意味づけ・意義づけ
Accomplishment：目標の達成

部下と良好な人間関係を構築し、前向きな感情・仕事への意味づけ・熱中できる業務体験・達成経験の積み重ねを促すことで、部下の幸福感は向上していきます。

理論的に正しいフィードバックであっても、常に自分を否定してくる嫌な相手の言葉は刺さりません。だからこそ、日頃から手練手管ではなく真摯な興味を部下に持ち、良い言動を見つける、ほめる、認めるなどのポジティブフィードバックを心がけることが大切です。

2）『ポジティブ心理学の挑戦』
（ディスカヴァー・トゥエンティワン　マーティン・セリグマン）

否定され続けると学習性無力感が発生する

ポジティブ4、ネガティブ1が理想と言いましたが、実際の現場ではポジティブ1、ネガティブ4になっている上司はたくさんいます（たまに、ポジティブ0：ネガティブ10の上司もいます）。

特に「プレイヤーとして優秀だった」「現在、自分もトッププレイヤー兼務」のプレイングマネージャーや、「ミスが許されない」「数字や納期のプレッシャーが大きい」部門の上司、「部下のミスや失敗など、できないことばかりが気になる」減点主義や完璧主義タイプの上司が陥りがちです。

様々なプレッシャーに日々さらされている上司としては、部下の行動の足りない点・変えて欲しい点が目につきやすいのは仕方ないことです。ただし、気に入らないことが目に入ってくる度に、重箱の隅をつつくようにネガティブな言葉を投げ続けると、部下のモチベーションに確実に悪影響を与えます。

人は自分の言動を否定され続けると、「私は何をやってもダメなんだ」「何をしても意味がない」「この人には何を言っても無駄」と「学習性無力感」が生まれます。学習性無力感を感じた部下は、自分から変わろうとする意欲が失われ、上司から言われなければ動かなくなります。

「指示待ち部下が多くて困る」という会社には、指示待ちの部下を量産する「細かい指示とダメ出しを続ける」上司や経営者がいます。細かい指示を出せば出すほど、会社が望まない指示待ち人間が増える悪循環が生まれます。

ネガティブフィードバックで部下の意識や行動が変わるかどうかの大きなポイントは、部下が伝えられたギャップを自分事として捉えて自発的に取り組めるかどうか。自ら考えたり、動いたりするようにならなければ、何も変わらないのです。

上司からすると、部下の「できない点」は目につきやすいものです。

しかし、「できない点」だけでなく「できている点」「感謝している点」を意識的に探し、ポジティブ4、ネガティブ1を常に意識しながら、部下とのコミュニケーショ

理想のフィードバックの割合

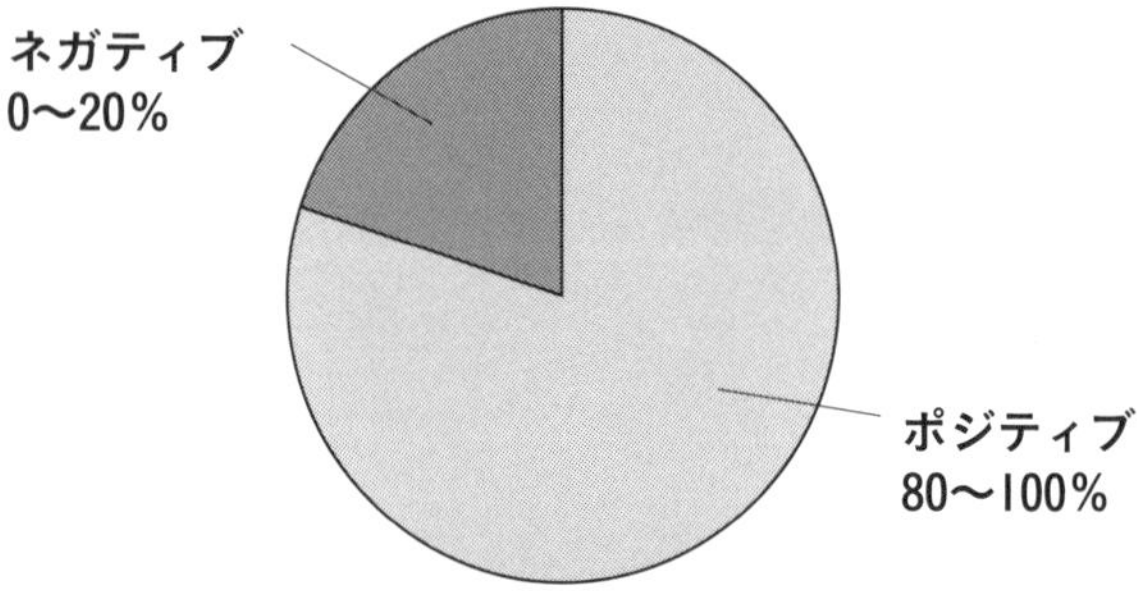

普段は長所や成果を認める肯定的なフィードバックが中心。必要なときに厳しい指摘を伝えても部下は素直に耳を傾けてくれる。

残念なフィードバックの割合

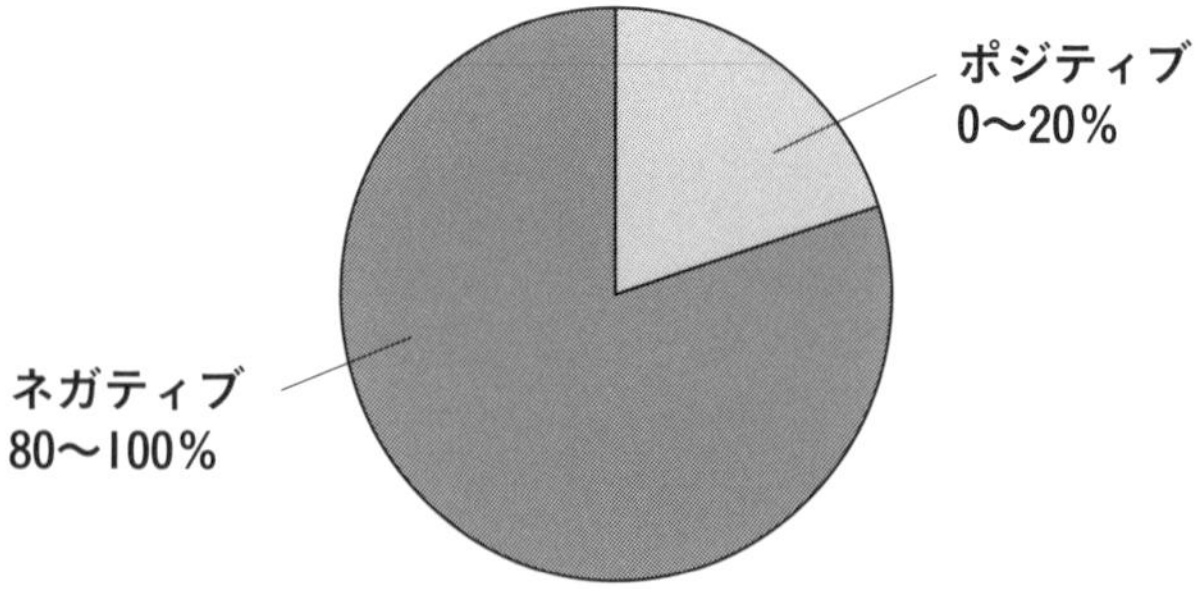

普段から減点主義・完璧主義で否定的なフィードバックが中心。理論的に正しくても部下の信頼感は低下し、無力感を増大させる。

ンを図るようにしましょう。

　そもそも、重箱の隅しかつつかない上司と無気力な部下という関係が続くと、双方にとって対話が負担になるため、業務上の最低限の会話のみという状態になり、フィードバック効果の大前提にある、良好なコミュニケーションが難しくなります。

「ほめるところがない」は、部下ではなく上司と人事の問題

　フィードバックの8割はポジティブなものにしてくださいという話をすると、「ポジティブなことを言いたくても、ほめるところが一つもないので、ほめようがないんです」と言ってくる上司の方がいます。そして、「あの人は、本当に困りますよね」など、上司の意見に迎合する人事もいます。

　しかし、はっきり言って、それは部下本人にも問題はありますが、主要因は上司と人事の怠慢であり観察眼不足です。

　もし最初から「ほめるところが一つもない」人材を採用したのであれば採用担当者

の責任ですし、最初は能力があったのに活かせていないのであれば配属した人事と配属後の上司に責任があります。

いくら指摘しても問題行動が改善しないのであれば、陰で文句を言わず相応の対応（注意・降格・配置転換・退職勧奨）を行うことも組織として必要な対応です。部下だけを批判する前に、自分たちの責任や改善点に目をむけましょう。

実際、部下の行動をよく見ていれば、「ひとつもほめることがない」という言葉は出てこないと思います。見つけようとしていないだけではないでしょうか。見つけられないのは、上司自身の観察眼が不足しているのかもしれません。

人は他人のできていないところに目を向けてしまいがちですが、だからこそ、部下のいいところを見つけようとするスタンスが必要です。

ある技術系の管理職の方から、ある部下について「仕事をお願いしても、わからないことがあるとすぐに諦めてしまう。結局、私や周りに質問してきて自分で解決しようとしない。どうしたらいいのでしょうか？」という相談を受けました。

たしかに、上司からすると自力で解決できないダメな部下ということなのでしょうが、「わからないことを自分で抱え込むのではなく、相談できる姿勢」を持っているということもできます。見方を変えれば、積極的にものごとを解決しようとしているということです。

私は、その管理職の方に、「諦めが早いのはどうかと思いますが、わからないまま業務を進めるのとどちらが良いですか？」と聞いたところ、「確かにそうだね。早めに相談してわからないことを解決しようとする点はいいところかも」という答えが返ってきました。

そこで私は、「その点はほめてあげてください」「一方で、質問をする際には、自分でも調べてみて欲しい旨は伝えてみましょう」とお伝えしました。

他の事例では、「指示されたことしかやらず、積極性が足りない」という上司には「指示されたことを着実に遂行する姿勢自体は否定すべきことではないですよね？」と聞いたところ「その通り」という回答がありました。

であれば、その点はほめて、「今後は、指示されたこと以外も自分で考えて提案して欲しい」と伝えていけば、指示を遂行する姿勢は崩さずに積極性が増えていく可能性があります。

全体像として部下をダメと決めつけるのではなく、行動を要素に分解して良い行動を見ようとすれば、それまでは欠点だと思っていた行動のなかにも、ほめるべきポイントが見えてくるはずです。

「ほめるところがない」のは、「こいつはダメだ」と決めつけている上司のスタンスやバイアス（偏見）の問題であることが多いです。

「自分を認めてくれる人」の言うことに部下は耳を傾ける

部下へのポジティブな声がけは、かしこまった面談というスタイルにこだわる必要はありません。

社内のイントラでコミュニケーションがとれるなら、「昨日の行動はとても良かったです」とチャットでひと言送る（またはイイねボタンを送る）だけでもいいでしょうし、出社して会えるなら声をかけるのもいいでしょう。会議の前後でひと声かけるだけでも十分です。

そういうひと言は、実は、若手社員以上に中堅・ベテラン社員に効果的です。なぜなら、ベテランはできて当たり前のポジションにいるので、日常的に仕事でほめられることが少ないからです。

若手であっても、ベテランであっても、ほめられたいという思いは同じです。

私自身も社内的にはベテランですが、社内のイントラで自分の活動を投稿したときは、誰かが「いいね」ボタンを押してくれるのを内心で待っています。特に上司や役員クラスが、時間差はあっても押してくれているのを見つけると、ほっとする自分がいます。

人間は社会的動物なので、何歳になってもそういう欲求があるのだと思います。

直接ほめてもいいですし、「いいね」ボタンを押してもいいですし、いずれにしても大切なことは、部下に対して、「あなたの仕事ぶりに興味・関心を持っている」「その行動は、会社や上司としてポジティブに評価している」というメッセージを送り続けることです。

部下が「自分をちゃんと見てくれている」「私の成長を応援している」「自分のキャリアを良い方向に持っていこうとしている」と感じれば、自然と信頼感は醸成されます。逆に、普段は声をかけないのに、何かあったときだけ叱ったりしても、部下との関係性はよくならないでしょう。

「この上司は自分の仕事を認めてくれている」と部下が思ったなら、上司の言うことはちゃんと聞こうという姿勢になります。

恩を受けたら恩を返したくなる「返報性の原理」が働くからです。

上司が期待しなくなったら、ローパフォーマーになっている部下が変わることは永遠にないと思ってください。

心理効果に、期待をかけられた人は期待通りの成果を出しやすくなる「ピグマリオン効果」と、期待をかけなければその通り成果が出なくなる「ゴーレム効果」というものがあります。

「ゴーレム」とはロールプレイングゲームに登場する「自分の意志を持たず、命令がないと動かない石人形」です。部下を石人形の集団にするか自発的に期待を上回り続ける集団にするかは、上司の関わりが決めていきます。

結果だけをほめ続けると、結果にしか目がいかなくなる

部下をほめることに抵抗がある上司のなかには、「ほめたら高い評価を与えないといけないですよね」と言う方がいます。

結論としては、「ほめること」と「評価」を連動させる必要はありません。

「あの行動は良かったね」「でも、今期は成果として出ていないので評価は低くなります」でいいのです。

ただし、「あなたがやっている方向性は合っているので継続してください」「そこに成果がついてくれれば、評価も高くなります」という言葉も、忘れずに付け加えてください。もしくは、プロセスや行動特性（コンピテンシー）は高く評価するが、成果指標は低く評価する、という形でも構いません。

部下のいい行動や言動を評価とリンクさせないといけないと考えてしまったら、せっかくの部下の良さをほめられなくなります。

部下にとっては（上司もそうですが）、昇給や昇格といった経済的報酬はもちろんですが、心理的報酬も働く動機付けになっています。ですから、ほめるべきことを見つけたら、躊躇うことなく心理的報酬を与えてあげればいいのです。ＳＮＳの「イイね」ボタンを押す感覚です。

上司から見て良い行動は、引き続き行ってほしい行動です。それなら、ほめることです。

人間は承認欲求が満たされると、「ドーパミン」という高揚感や幸福感を得られる神経伝達物質（脳内麻薬とも呼ばれる）が分泌されます。そのため、その幸福感を得るために何度も同じ行動をくり返すようになるからです。

ただし、ほめるときに注意することがあります。

ひとつは、結果だけをほめ続けないことです。

結果だけをほめ続けると、部下はプロセスを度外視して結果だけを追い求めるようになるからです。「結果を出さないとほめられない」「結果が出れば何をやってもいい」「どうせ結果を出さなければ何をしても何を言っても無駄」となると、コンプライアンスや倫理的に問題を生じることにつながるリスクが増えます。

また、「組織市民行動」と呼ばれる「正式な職務ではないが、組織にとって望ましい態度や支援を自発的に行う」姿勢は、結果だけを重視する職場では生まれにくくなります。

近年、企業の不祥事が次々と明らかになり、経営自体の存続が難しくなる事例も多発しています。以前よりもコンプライアンスや社会倫理に基づいた経営が重視される中、結果だけをみてプロセスはどうでもいい状態が長年続くことでプロセス自体が劣化したり、隠ぺいが行われたりして組織が腐敗していくリスクが高まります。

上司は、結果だけでなく、プロセスにも目を配ること。プロセスをよく見ていれば、ポジティブフィードバックはいくらでも出てきます。ただし、プロセスだけに注目して結果を軽視すれば、部下も結果を軽視するのでバランスは重要です。

もうひとつは、「ほめる行為の受け止め方」「望ましいほめられ方」「ほめて欲しいポイント」に個人差があることです。

誰もがほめられるのはうれしいと書きましたが、「望ましいほめられ方」については、表彰などでみんなの前でどんどんほめてほしいというタイプもいれば、みんなの前でほめられるのが苦手なタイプもいます。『先生、どうか皆の前でほめないで下さい』（東洋経済新報社　金間大介）という本がベストセラーになりましたが、その傾向は若手で顕著になっています。

上司からすれば、「自分が若手の頃は、会議や大舞台で表彰されるのはうれしかった」と良かれと思った行動が、「あの人は特別だよね」「いつもあいつばかりほめられて羨ましい」「自分たちとは違う」「意識が高いよね」と周りから思われるのがストレスになる人もいるのです。

また、「ほめて欲しいポイント」も個人差があります。たとえば同じ営業成績の達成でも、「大きな売り上げを実現したこと」「それだけ、多くのお客様に喜ばれたこと」「素晴らしい提案をできたこと」「収入や評価が上がること」「チームの役に立てたこと」など、個人によって何を喜びとして感じるかは異なります。

部下の「ほめて欲しいポイント・ツボ」を把握した上司からのひと言は部下の動機付けにつながります。

逆に、「お客様に喜ばれること」を大事にしている部下へ「素晴らしい数字だ、来月も会社のために頼むぞ。賞与も楽しみにしてくれ」と伝えても、「会社や上司の機嫌取りやボーナスのために働いているわけじゃない」と反発する危険性もあります。

このように、ほめ方によって逆効果になることもあります。そうならないためには、部下一人ひとりを常日頃から観察することが重要です。

面談するなら月1回1時間よりも、週1回15分を月に4回

部下との信頼関係を構築するためには、部下とのコミュニケーションの「質」だけでなく「量」を増やすことも重要です。

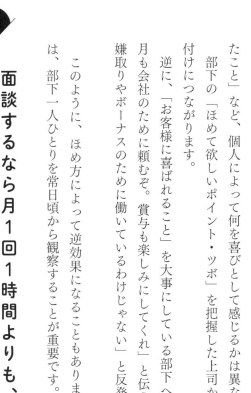

心理学に、接触する頻度が高いほど相手に対する親しみが増すという「単純接触効果（ザイアンスの法則）」があります。1カ月に一度、1時間のミーティングを行っているなら、週に一度15分で月に4回行うほうが、部下の上司に対する親近感や信頼感は高まるということです。

最近は、リモートワークやテレワークという働き方が定着してきて、上司と部下が接する時間が減ってきている会社も多いと思います。「たまたま顔を見かけて雑談」という単純接触をする機会が減っているからこそ、短時間でいいので、定期的に1対1で面談の機会を設けることをおすすめしています。

短い時間ですから、かしこまって話す必要はなく、日頃のポジティブな声がけの延長戦といった感覚でいいと思います。

基本は「部下が話したいこと」が望ましいですが、「一昨日のミーティングの発言は良かったですね」「先日のプロジェクトでの対応は助かりました」とか、「趣味のテニスは続けていますか？」といったプライベートな内容から入って「ラポール（信頼関係）」形成もいいでしょう。

単純に接触機会を増やすという意味では、実はオンライン面談は使い勝手のいいツールです。

オンラインのいいところは、距離的に離れていてもすぐに始められるところと、時間的に区切りやすいところです。面談のために会議室を用意する必要もなく、ダラダラと話が長くなることもありません。勤務地や勤務形態の違いで不公平が生じる確率も軽減します。

ZoomやMicrosoft Teamsなどのオンライン会議ツールで時間設定しておけば、15分なら15分で、きっちり面談終了しやすいです。上司にとっても、部下にとっても、ストレスがかからないお互いに話しやすい面談と言えます。

ただし、「時間が空いたら」というのではなく、「月曜日の午前中」「金曜日の午後」などと、面談の時間は決めておいたほうがいいでしょう。あらかじめ決めておかないと、目の前の仕事が忙しくなると流れやすくなります。

また、細かいテクニックですが、スケジュールやミーティングのURLは上司ではなく部下に設定・調整してもらいましょう。
「上司に決められた」ではなく「自分で決めた」感覚を持つことが面談の「やらされ感」を軽減します。目的は部下との信頼関係の構築、そのために接触機会を増やすことです。

耳が痛い話のダメージを軽減するコツ

日頃の部下とのコミュニケーションのなかで、ポジティブ4、ネガティブ1を意識することは、ネガティブフィードバックで伝える耳が痛い話による部下へのダメージを軽減する効果もあります。

フィードバックがまったく予期していない内容であれば、部下にとっては相当にショッキングなことです。すぐに納得できることなどないでしょう。

しかし、事前になんとなく予測できていたとしたらどうでしょうか。

厳しいことを伝えられることがわかっていれば、少なくとも心の準備はできます。なかには、変わらなければいけないことに対して、すでに前向きになっている人もいるかもしれません。

ネガティブフィードバックでの部下のダメージを軽減するのが、日頃のコミュニケーションでのネガティブ1です。

ふだんから気になった点を少しずつ指摘して話し合っておけば、その時点から行動が改善されることもあるでしょうし、期末の評価などで伝えられる厳しい内容に部下が大きく動揺することもないでしょう。上司としては、行動変容に向けた話をしやすくなります。

「期末評価でサプライズを起こさない」ことは重要です。

「そう言えば日頃から指摘されていたな」「確かに、フィードバックに対して改善が不十分だったな」と部下が思えれば、最終的に厳しい結果となっても、部下はある程度受容していきます。

逆に「それなら、もっと早めに教えて欲しかった」「自分の行動は、今までそんな風に見られていたのか」と感じさせてしまうと、部下は自分の行動への内省ではなく上司への不信が先に頭に浮かぶことになります。

日常のコミュニケーションのなかでネガティブなことを伝えるときに気をつけるのは、「部下と1対1で話す」ことです。

上司の中には、「みんなの前で指摘すると、他社員の指導にもつながるので一罰百戒の効果がある」「恥をかいた部下は、一念発起するはず」と考える人もいますが、基本的に逆効果になります。

みんなの前で指摘された部下は、「恥をかかされた」と怒りや不安を感じる人が多く、上司の言っていることが正論だったとしても、理論的に受け止めるより感情的に納得がいかない状態になってしまいます。

周囲のメンバーも「自分もミスをすると、部署メンバーの面前で指摘される」と考えて委縮してしまったり、「シャーデンフロイデ（人の不幸は蜜の味）」で暗い快感を覚えたりすることで組織の風土は悪化します。

指摘するときは、会議などが終わった後に「ちょっといいですか？」と残ってもらう、オンラインの場合はミーティングを終わらせて「この後5分だけいいですか？」

とメッセージを送るなど、場を区切るのが鉄則です。

部下と良好な関係を築けていれば、「今日の面談はいつもと違うな」という雰囲気を伝えるだけで、上司の言葉に真剣に耳を傾けてくれるはずです。

原則的に1回のフィードバックで変えられる行動は1つ

しっかり面談の時間をとったときでも、日頃のコミュニケーションのなかでも、ネガティブフィードバックをするときは、いくつもの問題をまとめて指摘するのは避けましょう。

忙しい上司としては、課題が山積みのローパフォーマーだとまとめて言いたくなる気持ちもわかりますが、指摘が多くなるほどに部下は何をしていいのかがわからなくなります。部下の自己肯定感を下げることにもつながりますし、先述した学習性無力感が増大して自発性も低減します。「1回のネガティブフィードバックで伝えることは1つ」が鉄則です。

たとえば、同僚とのコミュニケーションで発生している問題があれば、そのことに限定して話します。

話の流れで「最近のあなたは、勤務態度も悪いですね」「そう言えば、お客様からもクレームが発生していましたね」と言い始めてしまったら、部下は頭の整理ができなくなります。あくまでも1つの問題に絞り込んで伝えるようにしましょう。

ネガティブなことを伝えるのは上司側もストレスやプレッシャーを感じるため、感情のコントロールが出来なくなって次々に不満をエスカレートさせてしまう危険があります。「今回は、このポイントについて話し合う」と、自分自身をコントロールしましょう。

1つに絞って伝えたとしても、人の意識や行動は簡単に変わるものではありません。それは、上司自身が自分の過去を振り返ってみてもわかると思います。部下の立場だった頃、上司に指摘されたことをすぐに改善できたでしょうか？　自発的になるまでなかなか変われなかったと思います。

部下が成果を出せるように変わっていくには、1回の面談に加えて、継続的なコミュニケーションやフォローアップが欠かせません。こまめにコミュニケーションをとることで、部下は「この行動は毎回指摘される」「この行動はポジティブに評価される」と、期待される行動とそうでない行動の見極めができるようになります。

そして、注意された行動は徐々に改めるようになり、ほめられた行動はくり返すようになります。しっかりネガティブなフィードバックを行ったとしても、成果が出る行動に変わり定着するまでには3カ月から半年はかかります。一度面談で伝えただけで劇的に変わることはありません。

「一つの面談で1つのテーマをフィードバックする」
「フィードバック面談で合意した行動計画を、粘り強くフォローする」
積み重ねることで、部下の行動は一つ一つ変化していきます。

信頼関係の構築が難しい場合の対処

ネガティブフィードバックでの厳しい言葉が部下に刺さるかどうかは、何を言うか、どう言うか以上に、「誰が言ったか」が重要なウェイトを占めます。

日頃から、悪いところも良いところもよく見ていて声をかけてくれる上司と、ポジティブなフィードバックは皆無で重箱の隅をつつくような指摘しかしてこない上司、または、仕事上の最低限の会話しかしない上司、オンライン会議で一方的に画面上で話す姿しかみていない上司、どの上司の言葉が刺さるかといえば、まめに声をかけてくれる上司なのは言うまでもありません。

日常的に信頼関係が構築できている上司の言葉なら、「この人に言われたら仕方ない」「この人が言うなら考えてみよう」などと、深く心に刺さるはずです。

ただし、部下との信頼関係をうまく築けていない状況でも、上司の役割としてネガティブフィードバックを行わなければいけない場合はあります。

どちらかが異動したばかり、転職したばかりなどで、新たに上司と部下になってまだ日数が経っていないときがそうかもしれません。部下のことをまだよく把握できていない段階で厳しいことを伝えるのは、上司としては心苦しいところがあるでしょう。

他には、会社の戦略や方向性が変わったことで、今までは許容とされていた働き方を早急に変えてもらう必要がある場合もあります。本人の自己認識と上司の認識がズレていて、改善に耳を傾けてくれない部下も現実的には存在します。

各部署で成果が出せずに、言わば「たらい回し」状態で配属された部下の中には、根底の部分で会社や管理職への不信感を抱いている場合もあります。


また、私へ相談に来られる方のなかには、長い間上司と部下の関係性にありながら結果として信頼関係をうまく築けていないケースもあります。上司側に問題がある場合も、部下側の姿勢に問題がある場合も、双方に問題がある場合もあります。

「急に信頼関係を構築しようとしてスタイルを変えると違和感を持たれる」「自分より社歴も現場経験も長い年上部下なので、指摘するのを躊躇してしまう」「若手にやりたいことを聞くと、自部署で実行不可能なことを言われそうで怖い」など、現実には部下とのコミュニケーションに苦手意識を持つ上司もいます。

自分自身も人間関係も、一朝一夕で急に変えられません。それでも、組織の成果を最大化するために上司としての職責は果たさなくてはなりません。

そういうときに覚えておいていただきたいのが、アドラー心理学の「課題の分離」という思考法です。これは、後述するネガティブフィードバックを行う際のマインドセットのひとつでもあります。

課題の分離とは、「自分の課題」と「相手の課題」を分けることです。

アドラーは、「あらゆる対人関係のトラブルは、他者の課題に土足で踏み込むこと、あるいは自分の課題に土足で踏み込まれることによって引き起こされる」と言っています。

ネガティブフィードバックにおける自分（上司）の課題とは、「厳しいことを相手に伝えるかどうか」「可能な範囲で信頼関係の構築に努める」、相手（部下）の課題とは、

「伝えられた厳しいことをどう受け止めるか」「上司のコミュニケーションにどう反応するか」です。

つまり、自分が何を言うかということと、相手がそれを聞いて何を感じるかは別問題であるということです。

信頼関係が不十分な状況で厳しいことを伝えた後に、部下が「まったく納得できない」と反発するか、「私もそう思っていました」と受け入れるか、「こんな上司の言うことはスルーしよう」と無視するかは、すべて部下本人が選択する「相手の課題」であり、上司には選択できません。

冷めた口調に聞こえるかもしれませんが、こんなことを伝えたら怒るかな、ショックを受けるかな、嫌だろうななどと考えるだけムダだということです。

そう考えれば、まずは上司として「可能な限り、事前に関係構築に努める」「そのうえで、伝えるべきことをしっかり伝える」という「自分の課題」に集中して第一歩を踏み出せるはずです。

部下のリアクションを勝手に想像して後回しにしたり、オブラートに包み過ぎたりすることは、「相手が解決すべき課題」へのバトンを渡さない行為になってしまいます。

ギャップを誠実にフィードバックして部下に変化を促していく方法については、後の章でお話しします。

第5章

ネガティブフィードバックを成功させる心の整え方

（5つのマインドセット）

ロジカル（論理的）なコミュニケーションだけではなく、エモーショナル（感情的）なコミュニケーションを

これまでの説明で「ネガティブフィードバックの重要性」、前提条件として「部下のキャリアマネジメント（WILL／MUST／CANにおけるギャップ把握）」、事前準備として「日常のマネジメント（信頼関係構築）」については、ご理解いただいたかと思います。

いよいよ具体的なフィードバックの方法を解説していきますが、「どう伝えるか」「何を伝えるか」という「スキル」の前に準備しなくてはいけないことがあります。それは、ネガティブな情報を伝える上司側の「マインド」を整えることです。

部下と良好な関係を築けていても、改めて面談時間をとり、部下に面と向かって厳しいことを伝えるのが好きな上司はほとんどいないと思います。やらなくて済むな

ら、やりたくないのが本音でしょう。

ただ、「やりたくない」「面倒くさい」という感情を整理できずに面談に臨んでしまうと、先述した「メラビアンの法則」で上司の気持ちは93%相手に伝わり、「悪意の返報性」により部下も「やりたくない」「面倒くさい」と感じるようになります。

また、上司が何の感情も持たず機械のように、部下に対して、「ギャップを埋めるためにはこういう行動が必要だ」「こう改善しなさい」と論理的に伝えても、それだけでは部下の行動変容にはつながりません。正論だけを言って部下がその通り動くのであれば、本書は必要ないでしょう。

多くの場合、厳しいことを伝えられた部下にも言い分があり、一方的な正論の押し付けには反発します。さらに、その態度に上司側が反応して感情的な口調になってしまうと、感情的な泥沼化やハラスメントにつながる危険性もあります。

ネガティブフィードバックは、ロジカル（論理的）な側面だけでなく、上司自身と部下のエモーショナル（感情的）な面に配慮したコミュニケーションを心がけることも大事なのです。

そのためには、上司の側が「落ち着いて、ただし無感情ではなく真摯な姿勢で」ネガティブな話を伝える心の状態をつくることが重要です。そのために必要なのが、これから紹介する5つのマインドセットです。

①嫌われることを覚悟する
②期待するが期待しない
③感情をこめるが感情的にならない
④真剣に業務に取り組む
⑤自分で決める

1：嫌われることを覚悟する

1つめのマインドセットは、「嫌われることを覚悟する」。

第2章でもお伝えしましたが「耳が痛い話」をされて喜ぶ人は、ほとんどいません。

脳は「自分の安全や現状を脅かす情報」や「コンフォートゾーン（居心地のいい状態）

から引き離そうとする情報」などのストレスに対して、「ノルアドレナリン」が分泌されて、闘争（戦おうとする）か、逃走（逃げようとする）の選択を行うようにできています。

つまり、面談で厳しいことを伝えれば、部下には大なり小なり反発されるのが自然ということです。ネガティブフィードバックは「いかに嫌われないか」ではなく、「嫌われる可能性（少なくとも短期的には）を織り込み済み」で行うコミュニケーションといえます。

人事コンサルティングの現場では、こんなリクエストをよく受けます。

「相手に嫌われないようにソフトに伝える方法はありませんか？」

「相手の感情に波風を立てないような言葉の使い方はありますか？」

「厳しいことを言うとモチベーションが下がるので、うまくオブラートに包んで察してもらう方法はありませんか？」

「内部にいる上司からは伝えにくいので、外部の方からビシッと言ってもらえませんか？」

私の回答はこうです。

「原則的に、一定確率で嫌われます」

「何の波風も立てずに、問題行動は変わりません」

「オブラートに包んだほうが、長期的にはモチベーションも成果も上がりません」

「伝えるのは、日頃部下と接している上司の役割です」


ネガティブフィードバックで、組織の中に不協和音や摩擦が生じるのを避けたくなる気持ちはわかります。しかし、発生しているギャップや問題を放置や先送りすることで、解決はより困難になっていきます。

部下自身が気づいていないことがあれば、真剣に向き合って伝える。それが部下の成長に最も効果的ですし、一時的に反発されても部下との間に信頼関係を構築する最短ルートです。

「今の状態を放置することは本人のためにならない」

「組織全体のことを考えても、この問題は解決する必要がある」
「短期的に嫌われても、中長期的には必ず理解してくれる」
「上司としての役割を果たすためにも、ここは避けて通れない」

ネガティブフィードバックは、そうした覚悟が決まってから行うようにしましょう。覚悟がないまま中途半端に行うと、伝えるべきことが伝わらなくなります。

嫌われるのが好きな人はいないでしょう。

しかし、上司の役割は、「部下に好かれること」ではありません。「部下を成長させること」で、「組織の成果を最大化すること」です。嫌われないが部下を成長させられず組織の成果を達成できない。それでは厳しい言い方をすれば、上司としての役割放棄です。

その役割に正面から向き合うのであれば、ギャップや問題を抱えている部下を見て見ぬふりをしてやり過ごすのではなく、必要とあれば厳しいフィードバックを実践することが求められます。

嫌われる覚悟を持つために身につけておきたい思考法が、第4章でも紹介したアドラー心理学の「課題の分離」です。

「厳しいことを伝えるか、伝えないか」は上司が選べる「自分の課題」ですが、「伝えられたことをどう感じて行動するか」は上司には選べない「相手の課題」です。そう割り切って、自分として最適だと思える行動と選択のみにフォーカスすることで、「嫌われる」ことへの過剰な反応を軽減できるようになります。

ネガティブフィードバックを受けた部下がどう感じて、どのように行動するかは、上司にはコントロールできません。ですが、上司が部下のことを真剣に考え、本気で向き合ったのであれば、その想いは多くの場合、部下にも伝わり、変わるきっかけになり得ます。

その場では嫌な顔をされたり冷たい空気になったりしても、後になって部下から「あのとき言ってくれてありがとうございます」と感謝されることも少なくないです。

私自身も、昔に厳しい指摘をしてくれた上司たちには今でも感謝していますし、言われた指摘は10年、20年経っても覚えていて戒めになっています（案外、ほめられたことより叱られたことのほうが記憶に残りやすいです）。

逆に、自分が上司として厳しいフィードバックを行った部下や先輩とは、その瞬間は張り詰めた空気が流れましたが、会社を離れた後でもSNSなどで良好な交流が続いているケースもあります。

2：期待するが期待しない

2つめのマインドセットは、「期待するが期待しない」。

「期待すること」は、「部下の変化と改善」です。

ネガティブフィードバックの主役は、伝える上司ではなく、伝えられる部下です。部下が自発的に変わろうとしなければ、意識や行動が改善されることはありません。

つまり、ネガティブフィードバックは、あくまでも「相手の変化に期待する」ものなのです。「この部下は変化できる」「もっと成長できるはず」「改善して、より良い人生やキャリアを実現して欲しい」という期待をもって臨みましょう。

以前、研修中に上司の方からこんな相談をもらいました。

「定年間近の社員がいて、今さら改善も期待できないが、周囲の手前もあり放置もしにくい。こういう場合、フィードバックしたほうが良いでしょうか？」

私は、このように回答しました。

「もし、本音で部下の改善や変化に期待していない状態でフィードバックするなら、それほど失礼で無意味なことはないので止めたほうが良いです。年齢で相手の可能性を勝手に決めつけるのは、上司側の決めつけではありませんか？」「その部下が、周りから煙たがられた状態で定年まで働くのは、組織にとっても本人にとってもベストな選択ですか？」

人は何歳からでも変化や成長は可能です。上司として部下の可能性に期待してあげましょう。

基本的に、ネガティブフィードバックは「お前はダメだ」「ここが足りない」と決めつけたいわけではなく、「ギャップや問題点は存在するが、あなただったら改善できるはずだ」「あなたは必ず成長できる」「あなたは気づけるはずだ」という性善説に立っています。

これは、「人は変わらない」「成長しない」と考える「固定型マインドセット」ではなく、「人は変われる」「成長できる」と考える「成長型マインドセット」を上司自身が持つことを意味します。対象が中堅・ベテラン社員であっても、何歳からでも変わっていけるというのがネガティブフィードバックの考え方であるといえます。

ただし、期待のごり押しや伝え方を間違うと、相手がやる気や自主性を失う可能性があります。

理想は、日頃のコミュニケーションの中で部下が問題に気づき、自発的に行動が変わることです。しかし、簡単に変わってくれない部下に対し、期待を捨てず時間をかけて段取りを踏んで行うのがネガティブフィードバックと言っていいでしょう。

「期待しないこと」は、「上司の思い通りの行動」です。

誠実な期待をこめてフィードバックを行う際に上司が陥りやすい罠があります。

それは、「このやり方がベストなんだから、こう動いて欲しい」「こんなに一生懸命伝えたのに、どうして行動を改善してくれないのだろうか」「どうしてわかってくれないのか」などと不満や怒りを持つことです。相手を変えたいと本気で思っている人ほど、そう思ってしまう可能性が高いです。


「アンガーマネジメント（怒りのマネジメント）」という手法があります。人が怒りや苛立ちを持つのは、「こうすべき」「世の中こうあるべき」という「自分の信念（コアビリーフ）」と周囲が違うことが大きな原因です。

上司側が「こうすべき」「こういう対応が正解」という信念を強く持ちすぎて部下に強制すると、まず上司自身がイライラします。そして、「自分はこうしたい」「こうすべき」というコアビリーフを上司に権限で侵害されることで、部下もイライラします。双方が怒りや不満を抱えている状態で、建設的な対話を続けることは困難です。

「どうしても部下を何とかしたい」「絶対にミスをしたくない」「何が何でも成果を出

したい」「今まで自分はこのやり方で成功してきた」という思いが強すぎる上司は、期待するゴールに誘導したり、説得したりします。こうした部下の自由意思を制限する行為は、先述した「心理的リアクタンス」を招き反発される可能性を高めます。自身の仕事で結果を残してきた上司ほど、「自分の意見は正しい。相手が間違っている」「この解決策こそ実行すべきだ」と考えてしまいがちです。しかし、目の前にいる部下に自身の成功事例が適しているかどうかはわかりません。

また、技術や環境が変化し続ける中で、上司の縮小コピーのような部下を量産するだけでは長期的に組織が成長することは困難です。

上司がネガティブフィードバックを行う際のポイントは、「問題点やギャップを伝えたら、解決策や行動計画は部下自身に考えさせる」ことです。

人間には「一貫性の原理」があり、「自分で決めた計画や約束は守りたい」心理があります。改善における主役は、あくまでも部下です。たとえ回り道になるとしても、部下が納得して、自発的に行動計画をつくるまで待つことも必要です。

これは「部下の計画を１００％鵜呑みにしなさい」「上司は何も口出しするな」と

いうことではありません。「計画を立てる主体と起点は当事者である部下、その計画に上司として支援やアドバイスを行う」というスタンスです。

「部下の可能性（改善・気付き・変化・成長）には期待する」「100％上司の思い通りの行動は期待しない」というバランス感覚のあるマインドセットをもって臨むと、部下は厳しいフィードバックを受けたとしても「自分に期待してくれている」「自分の計画を尊重してくれている」「自分を応援してくれている」と、根底の部分で上司への信頼感を持つことができます。

3：感情をこめるが感情的にならない

3つめのマインドセットは、「感情をこめるが感情的にならない」。

「こめるべき感情」は、「相手軸の感情」です。

ネガティブフィードバックに限らず、フィードバックは話し方、言葉の選び方といった技術も大切ですが、「あなたの成長を本気で願っている、応援している」という気持ちを伝える姿勢も大事です。

「この人は自分のことを真剣に考えてくれて発言している」「耳の痛いことを言っているけれど、自分に期待してくれている」など、上司に対する信頼感があれば、面談後の行動がすぐに変わるかどうかはともかく、少なくとも「この人の言うことは真剣に聞こう」という姿勢になります。

こうした関係性は日頃のコミュニケーションによるところも大きいですが、ネガティブフィードバックの面談においても、部下のことを考えている、期待している、信頼しているなど、「部下がどうなるのがベストか」という「相手軸の感情」をこめて話すことは重要です。その思いは、部下にしっかり伝わります。

「避けるべき」は、「自分軸の感情」「感情的な対応」「無感情な対応」です。

とはいえ、ギャップが大きい部下とのフィードバックでは、「会社に迷惑をかけないで欲しい」「嫌われたらどうしよう」「この部下と話すのは面倒くさい」「忙しいのに面談をやりたくない」「こんな成果は勘弁して欲しい」などといったネガティブな感情が湧くこともあると思います。

それ自体は人間なので仕方がないことですが、「その感情のベクトルはどこに向いているか？」を一度冷静に確認してみましょう。

「（私は忙しいのに）面倒くさい」「（私の仕事がやりにくくなるので）嫌われたくない」「（役員から私が注意されるので）こんな成果は勘弁してほしい」など、ネガティブな感情の場合、ベクトルが部下ではなく自分に向いている場合がほとんどです。

「自分軸の感情」を持っていると、表面的には隠したつもりでも、「この上司は、自分の都合を押し付けている」「私のためでなく自己保身で発言している」と相手に伝わってしまうものです。面談で感情的になりそうなら、まずは自分自身の感情の源泉とベクトルを確認して落ち着くまで待ちましょう。

また、上司がやってはいけないのが、「無感情なフィードバック」です。

理論派の上司がやりがちなコミュニケーションですが、「このやり方が正しいからこう改善しなさい」「あなたはここが間違っている」「いつまでに改善できますか」「会社から指示されたからやりなさい（組織の論理）」「自分の評価が下がらないためにやりなさい（自己保身）」など、部下に対する期待やポジティブな感情を持たず、自分の都合だけで淡々と行っている人がいます。

こうした姿勢もまた、表面的には隠したつもりでも、部下にしっかり伝わり、実際に社員と揉めてしまった事例もあります。ある会社では、極めて論理的だが冷淡な上司に対して、部下がフィードバックに納得できず、「弁護士を介さないと私はあの上司と話しません」と泥沼化したケースがありました（詳細は7章でお話しします）。

怒りや不満など感情的にフィードバックすることも問題ですが、相手に対して何の感情も持たないフィードバックも、理論的に正しくても部下の反発を招きます。

「行動経済学」という考えがありますが、「人間は必ずしも、合理的な選択をするわけではなく、感情や直感で多くの意思決定を行う」ことが研究されています。上司と部下が怒りや苛立ちで感情的なリソースを消耗してしまうと、落ち着いて合理的な解決策を検討することは困難になります。

ネガティブフィードバックは性善説に立つのが基本です。それでも、厳しいことを伝えられた部下が、短期的に反発したり、挑発したり、ケンカ腰になったりと感情的に反応することもあります。少なくとも、上司側は過剰に感情的に反応しないように心がけましょう。

ネガティブフィードバックは、相手も自分も感情的になりやすい分、「ロジカル（論理的）×エモーショナル（感情的）」なコミュニケーションを意識することで、成功する確率はぐんと上がります。

4：真剣に業務に取り組む

4つめのマインドセットは、「真剣に業務に取り組む」。

みなさんは、ネットスラングの「おまいう」という言葉をご存じですか？「お前が言うな」という意味です。ネガティブフィードバックでは、普段の業務姿勢を通じて「この人に言われたら仕方がない」と相手に思わせることも重要です。

部下に「お前が言うな」と思わせてしまう原因は、上司のふだんの姿にあります。同じ業務をくり返して何の変化もしていない上司に、「常に変化が必要だ」「もっと成長して欲しい」などと指摘されても、部下にはまったく響きません。それどころか、「お前はどうなんだ?」と内心でブーメランを返されます。

そうならないためには、日常の自分の業務には誠意を尽くす。それもフィードバックをする立場として忘れてはいけないことです。

常に成長を心がけて業務にベストを尽くす、そうした姿をふだんから部下に見せることで、自分が言うことの重みが増していきます。

部下にフィードバックする内容は、自身ができていないと説得力に欠けます。もしフィードバックで部下に伝えていたことをできない自分がいるなら、今からでも遅くはないので仕事に対する姿勢を改めましょう。

自分のことを棚に上げて、相手にだけ高い要求をするのは信頼を失う行為です。

たとえば、上司が「もっとリスクを取って挑戦しなさい」と部下に言ったとします。しかし、その上司は何のリスクも取らずに役員の顔色だけを見て仕事をしている。その姿を見て、部下がリスクを取って挑戦すると思いますか?

挑戦するより役員の顔色をうかがうほうが出世できるように見える会社なのに、わざわざリスクを取る意味はないと考えるはずです。

だからといって、上司の方にあらゆる業務を完璧にこなせるスーパービジネスパーソンになりましょう、と言っているわけではありません。部下に対してネガティブフィードバックをする立場であるならば、自分も部下に求めることに「少なくとも取り組む姿勢」が大事なのです。

部下に「もっと勉強しなさい」と指摘する必要があるならば、上司も部下と同じように勉強に取り組んでみる。そうでなければ、部下の納得感はなかなか得られないと思います。それどころか、「あなたは何を勉強しているんですか?」とブーメランが返ってくることもあるでしょう。

「おまいう」を恐れて委縮するのではなく、言行不一致の「言うだけ番長」でもなく、「自分も不十分な点があるから、一緒に努力しよう」という謙虚なマインドセットを持ちましょう。

人間はどうしても自己評価が甘くなりがちです。自分を俯瞰する「メタ認知」を鍛えて、部下の前に自分自身の行動に対して客観的にネガティブフィードバックを行うことも、上司として必要な姿勢です。

5：自分で決める

5つめのマインドセットは、「自分で決める」。

耳が痛い話をしているという自覚のある上司は、自分を正当化しようとして、つい何かを言い訳にしたくなる傾向があります。

「本当はやりたくないけど、立場的に仕方がなくてね」

「こんなことは言いたくないけど、社長の指示だから」

「私は思っていないけど、周囲から不満が出ているんだよ」……。

「私は良いと思うが、本国のルールが変わったから」

「私は高い評価をつけたいんだけど、人事にメリハリをつけてくれと言われているから」などなど。


現実問題として、ネガティブフィードバックが必要になるのは、会社自体の変化（人事制度改訂、DX、戦略変更、事業再構築、構造改革、経営陣交代、グローバルの意思決定、事業撤退、業績悪化、人員削減など）に伴うことも多いので、上司としては「自分は言いたくないけど」と言いたくなる気持ちは理解できます。

ネガティブなことを言うのは自分の意志ではなく、仕方なくやっている。自分ではない誰かの責任にすることで、「部下の味方でいたい」「部下からの反感を回避したい」「発言の責任は自分にない」と心理的防衛がしやすく、厳しいことを伝えている自分の気持ちが少しらくになるかもしれません。

しかし、言う上司はらくになるとしても、責任逃れのような言い訳付きのフィードバックを伝えられた部下の立場から見ればいかがでしょうか？　かえって上司であるあなたを信頼しなくなるでしょう。

特に、降格や降給や退職勧奨など、本人にとってのインパクトが大きいフィードバックに際して、上司が安易に他責的なフィードバックを行ったことで、強烈な反発と混乱を招いたケースも存在します。

「経営陣の決定に納得していないなら、上司として私の雇用を守ってください」
「今までマイナスな評価を言われてこなかったのに、人事から言われて手の平を返されても納得できません」
「あなたの意志と違うなら、あなたと話しても意味が無いので本国のトップと直談判します」
「言いたくないなら、私も愉快ではないので言わないでください」

こういう発言が出た際に、みなさんが上司なら何と答えるでしょうか？

ネガティブフィードバックは、「言えば嫌われるのはわかっているけれど、本人のために言っておいてあげたい」「本人のキャリアを考えると、この行動はどうしても変えてほしい」「組織全体のマネジメント上、この状態は黙認できない」など、誰かから言われたわけでもなく、上司自身のしっかりとした意思と覚悟で伝えると決めたときに行うようにしましょう。

言い訳を考えてしまうような優柔不断さで臨むのは厳禁です。

実際には、ネガティブフィードバックの実施が経営陣やグローバルの決定だったり、人事の要望だったりすることはあるでしょう。そうだとしても部下と面談するのは上司です。会社の経営方針や人事制度や本人のパフォーマンスを改めて熟慮して、「なぜ、このことを伝える必要があるのか」が上司として腹落ちしてから面談に臨みましょう。

もし、どうしてもフィードバックする内容に納得できない点があれば、上司自ら経営や人事と納得できるまで話し合う勇気も必要です。

特に大きなインパクトを伴うフィードバックに際しては、上司として「あらゆる点で検討を尽くしたか」「自分自身の言葉で語れるか」をしっかり確認して自分の意志で行いましょう。

上司が口にする言葉は、どんなに言い訳をしても上司自身が発した言葉です。だからこそ、「伝えるか、伝えないかは自分で決める」ことが重要なのです。「あなたにとって必要なことだから伝えている」「自分は、経営の一員として今回の厳しい意思決定に同意している」という真剣な思いが伝われば部下の心にもきっと響くはずです。

5つのマインドセットを紹介しましたが、ネガティブフィードバックを成功させるうえで、相手の感情に配慮するエモーショナルなコミュニケーションと自分の感情をコントロールするマインドセットは必須です。

そのうえで、部下に「どう伝えるか」「何を考えてもらうか」というスキルセットを習得することでフィードバックは効果を発揮します。

第6章では、エモーショナルコミュニケーション・マインドセットとの両輪となるロジカルコミュニケーション・スキルセットについて解説しましょう。

第6章

ネガティブフィードバックを成功させる技術（5つのスキルセット）

相手の心理に応じてうまく変化を促していく技術

落ち着いてコミュニケーションができるように心を整えたら、いよいよ面談です。

ネガティブフィードバックは最初のアプローチが大切です。始まりでミスを犯してしまうと、ボタンのかけ違いが起きてしまい軌道修正が困難です。

ネガティブフィードバックは、心理的なハードルがありますが、だからといって遠慮をして伝えるべきことを話さないとフィードバックの効果は薄れてしまいます。

どのように伝えるかは、十分な配慮と準備、実施の際は論理的な構成が必要です。

ネガティブフィードバックは伝える側の自己満足で終わらせないことが重要です。

「何度も注意しているけど変わらない」「こちらが何を言っても響かない」という上司がいますが、どれだけ上司が正論を熱く語っても、部下の行動が変わらなければ意味はありません。

特に、長期間ローパフォーマンスになっている部下は、そう簡単には変わりません。変わるためには、ある程度の時間と労力、そして正しい「伝える技術」が必要です。

それが、これから紹介する「5つのスキルセット」です。

①合意を得る
②不協和を創る
③無理に面談をきれいに終わらせない
④話すより聴く（傾聴）
⑤諦める（明らかに見極める）

スキルセットは、相手の心理状態に合わせた行動変容のアプローチです。厳しいことを伝えられた相手の心理状態に応じてうまく変化を促していくことを目的としていきます。ネガティブフィードバックは、伝える側が相手から強制的に「イエス」を引き出すコミュニケーションではありません。ここまで何度もお話ししてきたように、自発的な内省に基づく気付きがないと部下の行動は継続的・中長期的には変化しません。

1：「ギャップが存在している」ことに合意を得る

1つめのスキルセットは、「合意を得る」。

ネガティブフィードバックをスムーズに進めるには、部下に一つひとつ合意を得ながら進めることが重要です。言い方を変えれば、「コミットメントを促す」ということです。

「面談を行うこと」「面談でギャップについて話し合うこと」「ギャップが存在していること」「ギャップを埋めるために改善すること」「改善に向けた行動計画をたてること」それぞれに、部下が「自分も合意した」という形で進めましょう。

「今から業務上の問題について対話したいと思いますが、このタイミングで大丈夫ですか？」

「期待と成果にこのようなギャップが生じていると考えていますが、あなたはどう認識していますか？」

「会社や私はこのギャップを埋めるために、行動を改善してほしいと考えています。あなた自身は改善の必要性をどう考えていますか？」


合意の際には、「イエス」「ノー」の2択で答える「クローズクエスチョン」ではなく、出来る限り相手が選択だけでなく意見を言える「オープンクエスチョン」で対話しながら、認識を合わせて合意を得るようにしましょう。


伝える側の上司としては、ただでさえ忙しいうえにネガティブフィードバックの内容は面倒で言いたくないことばかりです。そのため、どうしても簡単に終わらせようとする力学が働きます。

「嫌なテーマについて長く話す」「部下に意見や反論の猶予を与える」「面談時間が長引く」ことは、どれも上司側の心理的インセンティブが働きにくいコミュニケーションです。

そのため、「今ちょっといい？」といきなり部下を呼びつけて、問題点や改善してほしいこと、行動計画などを相手に確認しないまま指示的に伝える。そのうえで、最後に「わかりましたね？」と相手に念を押す。その結果、部下は「わかりました」と答える。

その後、「わかったと答えたのに、全然変化していない」「いつも返事だけは良い」という不毛なサイクルがエンドレスで続きます。

逆の立場になって考えてみてください。ポジションパワーのある上司から、いきなり問題点と改善の必要性を伝えられて、「わかりましたね？」と最後だけ発言機会を与えられた部下が、「イエス」以外の発言ができるでしょうか？

こうした面談では、「合意」も「コミットメント」も得られず、上司が部下にクローズクエスチョンで「イエス」と言わせただけの時間になります。部下は本当に理解も納得もしているわけではないため、行動変容は持続しません。

ネガティブフィードバックでは、厳しい情報を伝えた後は、部下にじっくり考えさせることが必須です。そのうえで質問や対話を重ねながらギャップが生じていることや改善が必要なことに合意してもらい、意見を交換しながら一緒に改善策を考えていく。面談自体の時間はかかるかもしれませんが、ネガティブフィードバックでは粘り強く話し合うことが長期的な改善に向けて大切です。

いきなり「改善策や行動計画を考えて」と言われても部下に心や情報の準備ができていない場合もあるので、状況によっては、「ギャップが存在していること」だけに合意して、改めて改善策や行動計画を話し合う時間をつくるくらいのゆとりを持って進めていくのがいいでしょう。

現実的には、自己評価が高い部下の場合など「ギャップ自体を認識していない」「問題点を問題点として納得しない」ケースもあります。

その際は、「合意できなかったことに合意する」「ギャップの認識について継続的に話し合うことに合意する」というステップが必要な場合もあります。改善策や行動計画の合意まで3～5回の面談を行うこともあります。

特に、単純な作業方法の変更などではない「クリティカル・イシュー（重要な課題）」について大きく行動を変えてもらいたいときは、まず相手と「問題を問題として認識する」「問題解決が自分事として必要」という合意と共通認識を得ることが必要です。

「自己決定理論」というエドワード・デシとリチャード・ライアンが提唱した内発的動機付けの理論があります。人間は、「自分が選択できる」「自分で選択した」という自律性がある状態のほうが動機付けされます。部下が「自分の意志で合意した」という状況をつくれるように、部下の意志を確認しながら話し合いましょう。

私が管理職だったときも、「合意を得る」点は意識していたことでした。

部下に厳しいフィードバックをするときは、「これから耳が痛いことを伝えなければいけないですが、聞くモードでなければ改めます。いかがですか？」と合意を取っていました。

「嫌です」という部下はいませんでしたが、「この業務が片付くまでちょっと待ってください」「今日は概要だけ聞きます」ということはありました。

合意を取らずに騙し討ちや不意討ちで厳しいフィードバックをすると、相手は身構えていない状態でその話を聞くことになります。文字通り、「耳が痛いこと」を「寝耳に水」で聞かされる状態です。そのため感情的になる可能性が高く、その後にどんなに理論的にフィードバックしても、まったく刺さらなくなります。

最悪なのは、いきなり呼び出して延々と説教を始めることです。これだけは絶対に避けてください。

もちろん、トラブル対応などで即座に改めてもらわないと困る部下の行動に出くわすことはあると思います。そういうときは、「今は緊急性が高いので、こういう対応をしてください」という指示にとどめ、「根本的な改善策や対応策は、改めて話し合いましょう」と上司も部下も落ち着いた状態でフィードバックの機会をつくるようにしてください。

ただし、時間を置き過ぎると記憶が薄れてくるので、双方の記憶が新しい状態のときに面談するほうが効果的です。概ね3日以内がベストだと思います。

2：「認知的不協和」を創らないと人は変わらない

2つめのスキルセットは、「不協和を創る」。

私たちが行う管理職の研修で、「フィードバックについて困っていること」をチャットなどで集めると必ず出てくる意見が「部下のモチベーションが下がる（下がりそう）」です。

「耳が痛いことを言うと、モチベーションが下がりそうで怖い」
「過去に注意した際、明らかに不機嫌になった」
「フィードバックをすると、口では反論しないが納得していない雰囲気を感じる」
「関係が悪くなると仕事を頼みにくいので、オブラートに包んで伝えている」

こうした部下の反応は、上司としてはできるだけ避けたいと考えがちですが、実は、ギャップが生じている部下の行動を改善するときに必要なステップでもあります。

耳が痛い話をされて、「ありがとうございます」と笑顔で答える人はほとんどいません。自分を肯定的に評価したい「自尊感情」や他者の役に立っているという「自己有用感」「自己効力感」が脅威に晒される権威者（上司）からのネガティブな評価やフィードバックは、受け入れにくい情報です。イラっとしたり、ムカッとしたりするのが、言わばふつうの反応です。

しかし、意外かもしれませんが、そうしたネガティブな反応は、上司にとっては行動変容につながるポジティブなサインです。本人が「まずいな」「嫌だな」「気持ち悪いな」と思わない限り、「変化が必要だと認識していない人」の行動は変わらないからです。


上司と部下の認識にギャップがある場合、部下側の「これで良い」という自己認知と、上司側の「それではダメだよ」という他者認知に矛盾が生じ、違和感や不協和を抱きます。この状態を、心理学では「認知的不協和」と呼びます。

認知的不協和を放置することは気持ち悪いので、その矛盾や違和感を解消するために何らかのアクションを選択します。それが次のアクションにつながるきっかけになります。

上司がやるべきことは、部下の顔色をうかがってオブラートに包むことではなく、「改善して欲しいギャップがあれば、毅然として伝える」ことです。
厳しいことを伝えて相手がムッとしたり、黙り込んだりしたら、「機嫌を損ねてしまった、どうしよう」とオロオロするのではなく、「自分が投げたボールを相手が受け取ってくれた」サインだと思って、一旦部下の反応を待ちましょう。

部下を気遣って不協和を与えないコミュニケーションを考えるのではなく、意図的に健全な不協和を創ることがネガティブフィードバックのポイントです。もちろん、わざと相手をイラッとさせる言い方を勧めるわけではありません。
「相手と認識がズレている点」をしっかり伝えきることで、相手の認識に「このままではマズい」という健全な危機意識を醸成する必要があります。逆に、相手がまったくイラッとしない「暖簾に腕押し」状態だと、上司の言葉が刺さっていない可能性があります。

ぬるま湯に浸かっている人は、「このぬるま湯が気持ちいい」「ずっと浸かっていたい」という認知をしています。その人に立ち上がってもらうためには、そのぬるま湯は「1時間後には氷になります」「1時間後には熱湯になります」という不都合な事実を伝える必要があります。

そうすると、ほとんどの人は「このままではまずい」と認知を改め、ぬるま湯から出る準備を始めるはずです。もし、伝えずそのまま放置すれば、いつまでもぬるま湯に浸り続けることになるでしょう。

第1章で「ダニング＝クルーガー効果」という「認知能力が低い人は、周囲や自分自身の状況を正確に認知できず、その結果、さらにギャップが拡大する」身も蓋もない心理を説明しました。

「自己評価が極端に高い」「自分に変化は不要だと考えている」など認知のギャップが大きい状態の部下へフィードバックを行う際は、「認知的不協和の幅が大きく、反発も大きい」や「認知がズレすぎていて、不協和さえ感じない」ケースもあります。その際には、「なぜ変化が必要なのか」「どんなギャップが生じているのか」「そのギャップを放置するとどうなるのか」などの情報を粘り強く伝えましょう。

部下が認知的不協和を感じたら、次の段階の始まりです。

厳しいことを伝えられたときの部下の不満な表情や態度、また「うーん」と唸ったまま黙り込んでしまう態度は、ネガティブな情報を受け取った人のふつうの反応です。そのことで、永遠にモチベーションが下がるわけでも信頼関係が損なわれるわけでもありません。そこで上司は、腰を引いたり、怒ったりしないようにしてください。

3：「きれいに終わる面談」には要注意

3つめのスキルセットは、「無理に面談をきれいに終わらせない」。

ネガティブフィードバックは、される部下だけでなく、する上司にも「認知的不協和」を発生させます。

「部下から慕われたい」「組織に波風を立てたくない」「良好な関係を維持したい」という欲求とは真逆の面談となるため、「面談を早めに終わらせたい」「部下に反発されずに乗り切りたい」「良い雰囲気で終わらせたい」という心理は当然働きます。

部下が大人しく上司の言葉を聞いて「はい、わかりました」と言ってくれれば肩の荷が下りた気持ちになると思います。

ただ、上司の言葉に反発したり黙り込んだりすることもなく、「はい、わかりました」と面談を終わらせて現場にさっさと戻ろうとする部下には要注意です。「物わかりがいい」ではなく、「何も伝わっていない」可能性があります。ひょっとすると、（上司同様）その場をやり過ごそうとしているだけかもしれません。

そういうときは安易に面談を終わらせず、「どうわかったのか、あなたの言葉で話してもらえませんか？」「私が伝えたことをどのように理解しましたか？」などと、部下の口で語ってもらいましょう。

相手には少しプレッシャーを与えるコミュニケーションかもしれませんが、「今回は、軽く流すような課題ではない」という空気感を漂わせるのも重要です。

お互いに十分な合意ができていないと感じられたら、無理に時間内で面談をクロージングさせず、「まだ十分な合意に達していないので、また話し合いましょう」「ギャップの存在はお互い認識が一致したので、次は行動計画を一緒に考えましょう」など、次回以降に持ち越してください。

ネガティブな話をするときほど、上司も部下も、「じゃあ頑張ろう」とお互いにハッピーな状態で面談を終わらせたがりますが、1回目のネガティブフィードバックは無理にハッピーで終わらなくていいです。むしろハッピーで終わらせず、少しモヤモヤが残るほうが、部下の行動が改善される可能性が高いと思っていいでしょう。

部下にとって違和感があったり、不協和を感じたり、モヤモヤした感触が残る面談にすることで、面談が終わった後も、「あの上司の言うことは腹が立つ。でも、言っていることは正しいような気もするなあ」「自分では問題ないと考えていたが、実はそうではなかったのか」と自問自答する時間が面談終了後に続きます。

わざわざ嫌がらせのようなハラスメントをするという意味ではなく、健全な意味でモヤモヤさせるということです。それだけ部下は、上司の言葉について真剣に考えるようになります。

「きれいに面談を終わらせない」のも、ネガティブフィードバックを成功させるひとつのテクニックです。

「ヤーキーズ・ドットソンの法則」という心理学理論があります。人間は、まったく緊張やストレスが無い状態より、適度に感じているほうが集中力が増してパフォーマンスは向上すると言われています。

脳科学的には、ほどよい緊張やストレスによりノルアドレナリンが分泌されることで、脳の覚醒を促し集中力や記憶力が向上します。

みなさんも、たとえば「普段の勉強より、試験前のほうが集中できる」「本番の大会で新記録を目指しているときに、練習以上の力が発揮できる」経験はあると思います。

過剰な緊張やストレス、理不尽なプレッシャーは当然パフォーマンスを低下させますが、「自分で考えた行動計画は達成できるだろうか？」「達成するためにはどうしたらいいだろうか？」「今の状態のままで本当に良いのだろうか？」という適度な緊張感を持ってもらうことは必要です。

1回目の面談で時間内にきれいに終わると、浅い理解や合意で終わることが多く、翌日には忘れていることがよくあります。

みなさんは、面談が「わかりました」「これから頑張ります」「心を入れ替えました」「お互いに頑張ろう」という言葉で終わったのに、結局何も変わらなかったという状態を経験したことが、あるのではないでしょうか。

心理学には「ツァイガルニク効果」という法則が存在します。人は「きれいに完結したことより、未完成や中断されたことのほうが気になる」という法則です。ドラマの続きが気になる心理です。

面談を一見ハッピーエンドで終えたほうが効果は持続しそうな気がしますが、実は積み残しがあるほうが、相手の心理には長く残ります。面談も、最後の数分で無理やりまとめるより、相互理解が不十分だと感じたら「次回までに、この問題を検討してください」と宿題を出して継続したほうが、部下はじっくり問題に向き合う可能性があります。

特に、上司から見て明らかに納得していないのに表面的に「わかりました」と言っている相手に対して、「これから頑張ろう」と面談を終わらせても、部下の行動変容にはつながりません。

「私が話している印象だと、感情的に納得できていないように感じますが、本音ではどうですか?」「具体的には、何を・どのように頑張る予定ですか?」「実効性のある改善計画ができるまで、この面談は続きますよ」などのメッセージを伝えて、「本当に変わらないといけない」「この上司は真剣に向き合っているので、次回までに真剣に検討する必要がある」と思わせることが大切です。

嫌な空気になってきた、イライラしてきたと思ったら、面談を止める

ネガティブフィードバックの面談では、お互いに感情的になるケースもあります。厳しいことを伝えられる部下にとって、ネガティブフィードバックは基本的に面白くない面談です。

特に、自分ではそれなりに頑張っているつもりでも、評価が低かったり、気になる行動を指摘されたり、場合によっては処遇が下がることを通告されるなど、自分の認識と上司の認識にギャップが多い場合は気分のいいわけがありません。

そして、「まったく納得できないです。上司のあなたもたいしたことをやっていないじゃないですか」「他の人はどうですか？　同じ部署のBさんに比べればマシでしょう」などと、反発してくることもあります。

反発された上司も、最初は冷静に耳を傾けていても、売り言葉に買い言葉で「どう

してわからないんだ」「他人ではなくあなたと話しているんだ」と徐々に感情的になってくることもあります。

お互いに感情的になったときのもっとも簡単な対処法は、面談を止めることです。「自分の感情のコントロールが難しくなってきたな」「お互いに嫌な空気になってきたな」「イライラしてきたな」と思ったら、「今日はお互いに冷静でなくなりつつあるので、改めて来週の火曜日に話し合いましょう」と、一時停止ボタンを押しましょう。そのまま面談を続けたとしても、建設的な話には発展しません。

それよりも、日を改めて再開するほうが、クールダウンしてお互いに冷静に考える時間ができて、実のある面談になる確率は高くなります。

アンガーマネジメント（怒りのマネジメント）では、怒りを感じる場所や状況から一時的に離れることを「タイムアウト」と表現します。フィードバック面談では部下からタイムを宣告するのは難しいので、上司が部下の感情も把握しながら、適切なタイムアウトを設定してください。

上司は冷静に対応していても、部下のなかには、最初からネガティブフィードバックを頑なに受け付けようとしない人もいます。

「会社は解雇できないじゃないですか。私はまったく変わるつもりはありません」「それ以上はパワハラですよね」「降格に納得できません。外部に訴えます」「こうした話は聞きたくないので失礼します」などと、開き直ったり、挑発したりしてくる人も現実にいます。

明らかに喧嘩腰や対立的な姿勢を取られると、上司側も冷静な対応が難しくなる場合もあります。ただし、そこで上司も感情的になると泥沼化しますし、喧嘩腰で話せばパワハラのリスクも生じます。

そういう場合も、いったん面談を止めて、日を改めるようにしましょう。

ただし、言いなりになって面談自体を終了するわけではありません。面談の最後に「十分な改善につながるまで面談が継続すること」「会社として今のまま放置することはしないこと」を伝えておくことを忘れないでください。

その後、何度話しても効果がないようであれば、最終の一手ですが「あなたには変わっていただく必要があり、それができないのであれば給与が下がる、業務内容が変わる、雇用契約を終了するなど、厳しい変化が起きる可能性を理解してください。これは私個人の判断ではなく会社としての意思決定です。その点を理解していただいたうえで次回また面談をしましょう」と踏み込んでみることも必要です。

面談時には感情的になっていた部下も、こうした重たいメッセージを伝えられて終わることで、改めて冷静に自分の置かれている状況を理解し、次の面談では違った対応になる場合があります。

もちろん、変わらない部下もいますが、その際は最後のスキルセット「諦める」につながっていきます。

4：話すより聴く

4つめのスキルセットは、「話すより聴く（傾聴）」。

フィードバックと言うと、どうしても「うまい伝え方」や「よい言葉の選び方」を意識すると思います。しかし実際は、「話し方が9割」ではなく、「聴き方が9割」です。つまり、フィードバックでは、伝えること以上に、相手の話を聴くことが重要です。

必要な情報（面談の目的・発生しているギャップ・改善して欲しい行動・上司の評価）を伝えたら、次は「部下の言い分を耳と心を傾けて聴く（傾聴）」に徹してください。

研修で管理職同士に上司・部下役を演じてフィードバック面談のロールプレイをしてもらうと、伝える上司側がずっと話していることがよくわかります。

伝えられている部下側はひとつの話題に対して、ひと言返すくらい。ロールプレイが終わって、多くの上司役が「つい喋り過ぎてしまった」「部下が話し始めるのを待つことが難しかった」という気づきを口にします。

上司としては「伝えたいこと」「変えて欲しいこと」「上司だけが知っている情報」などがたくさんあるため、放っておくと上司が8割がた喋っているようなケースもあります。

自分の行動についてネガティブな評価を上司の独演会形式で聞かされ続けることは、部下としてはたまったものではありません。

まず、心がけてほしいのは、ネガティブフィードバックでは相手を説得しようとしたり、論破しようとしたり、フォローしようとしたりしないことです。私は、この「説得」「論破」「フォロー」を「フィードバックの三大エラー」と呼んでいます。効果が少ないというレベルではなく、むしろ有害なのでやめましょう。

「納得できないかもしれませんが会社の決まりなのです」と説得する。

「あなたがそう自分を評価していても、実績を会社の評価基準に当てはめるとあなたの評価は受け入れられません」と論破する。
「気分を害したかもしれませんが、あなたにはいろいろ良いところもありますよ」と沈黙を恐れてフォローする。

上司が部下の発言や沈黙を遮って、こうした説得・論破・フォローを始めてしまうと、部下は最初に上司から伝えられたフィードバックをじっくり内省する暇もなく、次の会話に意識が移ってしまいます。

部下の内面に生じた「認知的不協和」を部下自身が整理するには、沈黙の時間が必要です（そして、上司はこの沈黙が大の苦手です）。

それよりもやるべきことは、誠実な傾聴により部下のモヤモヤを言語化してもらうことです。

「なぜ、納得できないのか」「なぜ、ギャップを受け止められないのか」「何が不満や不安なのか」「フィードバックされた内容に対してどう感じたのか」など、ネガティブな感情も含めて全てを吐き出してもらいましょう。

もちろん、部下がすぐに言語化できるとは限りません。予期せぬ情報を整理する時間も、昂っている感情を落ち着かせる時間も、自分の考えをまとめる時間も必要です。

その間、上司は、相手が話し始めるまでひたすら黙って待つことです。伝えるべきことは話し終わっているはずなので、それ以上は話したい欲求を抑えて何分でも黙って待ってください。

一般的に、2~3分上司側が沈黙していたら、部下は「ここは自分が話さないと終わらない」と認識して必ず相手が話し始める瞬間が訪れます。

そして、部下が話し始めたら「どんなにズレた発言や身勝手に思える言い分でも、遮らずに最後まで徹底して聴く」ことが何よりも重要です。

『他者と働く「わかりあえなさ」から始める組織論』（NewsPicksパブリッシング　宇田川元一）では、上司には上司の立場から見える「物語（ナラティブ）」があり、部下には部下の立場からの「物語」があり、一定の「わかりあえなさ」が常に存在しているとされています。

上司のフィードバックは、100％正確でも正解でもありませんし、ギャップを抱えている部下が100％間違っているわけでもありません。

「この部下は、なぜこういう行動を取るのか」

「認識がズレているポイントはどこにあるのか」

「部下が大事にしたい価値観は何か」

「このフィードバックに不快感を示す深層心理は何か」

「部下の言い分で、自分より優れている視点があるのではないか」

「お互いの主張の中で、折り合いをつけられる点があるのではないか」

など、上司が素直な気持ちで部下の意見を聴くことで、お互いの物語（ナラティブ）に架け橋をかけることが可能になります。


次々に不満や愚痴を吐き出すタイプの部下もいれば、話すことや思考の整理が得意ではない部下もいます。

なかなか言葉が出ない部下には、「最後まで何でも聴きますから、ゆっくり落ち着いて考えてください」とソフトに促しましょう。ここで上司が沈黙に耐え切れず次の話題にいかないことが重要です。

一方の部下は、溜まっていたネガティブな感情を吐き出すことで精神的に落ち着く「カタルシス効果」を得られるだけでなく、自分の思考や感情を言語化することで「リフレクション（内省）」を行っていきます。

さらに、自分の話をじっと聞いてくれている上司に対して、「上司も最後まで話を聴いてくれたので、自分も最後まで話を聴こう」という「返報性の原理」も働きます。

お互いの言い分を、テーブルの上にすべて出し合うことでようやく、お互いに腹を割って建設的に解決策を話し合える土壌がつくられます。

5：諦める（明らかに見極める）

5つめのスキルセットは、「諦める（明らかに見極める）」。

行動計画が決まったら、「一定期間、本気で向き合う」ことが重要です。

管理職研修で上司の方からこういう話を聞きました。

ローパフォーマーで問題行動が多い社員について人事から「とにかく何とかしてくれ」と言われたそうです。いろいろな部門でも問題行動が多かったため、ほかの部門には異動させられないから「後は、よろしく頼む」と。

ポジティブもネガティブも含めたフィードバックや1on1面談を1年以上にわたり何度も行いましたが、そもそもの適性や能力面の問題もあり、部下の行動が改善されることはなく、上司も部下もヘトヘトに疲弊し、双方の関係性も悪化していったそうです。その上司は「ゴールの無いマラソンを走らされているようだった」と言っていました。

ネガティブフィードバックの効果は100%ではありません。

コンサルティングの現場で、複数年間最低評価だった社員の活性化を支援することが多いですが、実感値としては平均以上の評価までパフォーマンスが改善する割合は6~7割程度です。

どれだけ上司が頑張っても部下が努力しても、組織が期待する水準まで変化できない部下は一定割合で発生します。変わらないのに期限を定めず延々と続ければ、上司も部下も心身ともにボロボロになるだけです。

会社と社員は切っても切れない血縁関係ではなく、労働契約に基づく雇用関係です。一定期間本気で向き合って改善しなかったら、お互いのために諦めましょう。ネガティブに突き放すのではなく、「諦める」の語源でもある「明らかに見極める」ということです。

上司と本人がギャップについて話し合い、双方が納得できるゴールと行動計画が策定できたら、一定期間は1on1などを通じて進捗確認や支援をしていき、その期間が終了した時点での成果や結果に基づき、処遇を検討するということです。

そして、「一定期間で改善が見られなかった場合に起こる可能性のあること」は予め伝えておく必要があります。

それでは、どれくらいの期間が適切かというと、3〜6カ月を推奨します。

一般的に、外資系企業などで業績改善プログラムとして導入されている「PIP（Performance Improvement Program）」でもその位の期間であることと、人間の行動変容サイクルが理由です。

ロンドン大学のフィリッパ・ラリー博士の「How are habits formed」という研究論文によると、人が新しい行動習慣を身につけるまでに、「平均約66日」かかったといいます。

この数字を基にすると、週5日の出勤×4週間＝月20日間と考えたら、3カ月くらいで行動が変わることになります。平均なので、6カ月くらいあれば、部下の立てた行動計画が習慣化されるのか、形骸化してしまうのか見極めがつきます。

この期間で行動変容が起こるのが望ましいですが、3〜6カ月で行動や成果が変わらなければ、部下に対する期待値や役割を下げるしかありません。配置転換したり、ジョブグレードを下げたり、場合によっては降格や降給や雇用契約の解約も含まれます。

厳しい意思決定であるからこそ、その決定を部下に受け入れてもらうためにも、

「これだけ、自分も納得して行動した結果だから仕方ない」「この間、上司も本気で自分を支援してくれた」「期間中にも、不足している点の指摘を受けていた」「あらかじめ、上司からこういう可能性も伝えられていた」と諦めさせられるだけの努力が重要です。ネガティブフィードバックは伝えて終わりではなく、双方が納得できるまで一定の時間をかけてフォローを行う必要があります。

オンラインフィードバックで気をつけること

働き方が多様化してきて、対面ではなく、オンラインでの面談を行うケースが増えてきていると思います。ここで、オンラインでのネガティブフィードバックのデメリット（注意点）とメリット（長所）を整理しておきましょう。

オンラインの場合の注意点は、「非言語情報（ノンバーバル）が少ない」ことです。
オンラインのコミュニケーションの際に見えているのは、カメラに映る顔だけです。バーチャル背景や背景をぼかしていることも多く、どんな状況や場所で相手が話を聴いているかもわかりません。手を組んだり、足を揺らしたりなど、相手の細かい仕草や全体的な空気感が見えないため、対面で話すときよりも、相手の本心や状態を把握しづらいところがあります。

できるだけ相手の情報を集めるには、表情をしっかり観察しましょう。仏頂面だったり、たまに眉間にシワを寄せたり、しばらく目を閉じたり、頷いたり、相手の細かな表情の変化に注視していると、感情が現れることがあります。

一方で、部下と話す上司側も、「自分の表情や声や相づち」は意識的に情報として伝えてください。上司が無表情（ビデオオフは論外）で聴いていると、特にオンラインだと部下は本音を開示しにくくなります。ネガティブフィードバック面談に際しては、「ビデオオンは強く推奨」です。

また、オンラインのときは、対面のとき以上に、「合意を得ながら話を進める」「相手に確認を取る」ことを意識してください。モニターに映る表情だけでは、わかっているのかいないのか判断できないことがあるからです。

また、通信環境によっては、「大事な部分が聞こえていなかった」ということも普通にあります。部下としては細かく確認するのも面倒くさいので、わかったつもりで面談が進んでいきます。「今の話を、どう理解したか教えてもらえますか？」と部下の口で説明してもらいましょう。

合意や確認を得るには、相手に話してもらうことが大切です。「相手が話そうとしたら、自分の話を止めてでも聞く」ようにしましょう。

たとえば、代表的なオンラインツールであるＺｏｏｍなどでは、誰かが発言しようとすると画面の枠が光ります。その瞬間を見つけたら、自分の会話はいったん止めて「何かお話ししたいことがあればどうぞ」と促してください。

部下側としては、何度か発言のタイミングが被ると「面倒くさいからいいや」と発言を封印したり、後から思い出そうとしても忘れたりします。リアルのとき以上に「会話の被り」が発生しやすいので注意が必要です。

他に、オンラインならではの注意点としては、「相手に録音・録画されている可能性がある」という意識を持つことです。対面であれば録音・録画されているか現地で確認できますが、オンラインの場合、パソコンの側に置いたスマホで録音されるとわかりません。

録音されているとは知らず、声を荒げてしまうことがあったら、次の章で紹介するパワーハラスメントやレピュテーション（風評）のリスクを抱えて後々問題になることもあります。

特に、センシティブなフィードバックのときは、部下が自分を守るために録音したがるケースがあると思っておいたほうがいいでしょう。いつも以上に、落ち着いたコミュニケーションを心がけることです。

隠して録音されることを防ぐことはできませんが、相手が「録音してよいですか？」と聞いてきたら、「会社の経営状況や人事情報など機密情報も含まれる可能性があるので、事故による情報漏洩を防ぐためにも録音はしないでください」と断ることも可能です。

オンラインによるフィードバックのメリットは3つです。

1つめは、10〜15分といった「隙間時間を使ってフィードバック」ができることです。しかも、パソコン画面を通して行うので会議室を予約する手間もかかりません。前後の移動時間や部屋の片付けも不要なので、「少し気になったこと」をフィードバックするには最適です。

2つめは、遠距離にいる部下とも、「勤務地を問わず公平に高頻度」でコミュニケーションができることです。たとえば、東京が本社で名古屋に支社がある場合、往復するだけで一日仕事です。しかし、オンラインであれば移動時間は0分。それだけムダなく時間を使えるというわけです。特に、営業部門などのように勤務地が国内・海外に点在している場合、本社勤務者と支店勤務者でコミュニケーションに濃淡が発生する危険を回避できます。

人事評価制度においては「分配的公平性（結果配分の公平さ）」と「手続き的公平性（決定プロセスの公平さ）」が納得度を左右するため、「上司は公平な接触頻度を持ってくれる」という感覚が重要です。

3つめは、「リアルタイムな情報共有」です。

必要な資料やファイルを画面やチャットでリアルタイムに共有する、フィードバックのテーマに関連する情報をその場で検索しながら、コミュニケーションがとれることです。部下のヒントになる情報があれば、その場で提供できて資料を印刷するなどの手間を省けるのもいいと思います。

うまく使えば、これまで以上に部下とのコミュニケーションを充実させることができるオンラインでのフィードバックですが、私は、特にインパクトが大きい内容の場合、「1回目のネガティブフィードバックはできるだけ対面」を推奨します。

インパクトが大きい内容とは、「管理職から退いてもらう」「2年連続最低評価なので、PIPを受けてもらう」「本人が好きで続けてきた職務から異動してもらう」「大幅な降格や降給を通知する」「本社から出向・転籍してもらう」「構造改革でポジションがなくなり、退職を勧奨する」などです。

厳しいことを伝えられた部下の表情や仕草や感情をしっかり把握しながらコミュニ

ケーションをとったほうが、相手の心理状態に合わせた対応ができます。この手の話は、初回にボタンを掛け違えると泥沼化しやすく、部下側も対面のほうが話の内容を真剣に受け止められるはずです。

面談を5段階で構造化しておく

ネガティブフィードバックのスキルとして、最後に面談の基本的な流れを紹介しておきます。ネガティブフィードバックは、その場の感覚で面談するのはとてもリスキーです。シビアな内容になるため、一定の構造に沿って話を進めなければ、収拾がつかなくなることがあるからです。

基本的な流れは次のようになります。

①「自己認識（自分自身をどう評価しているか）」を聞く。
②「会社の認識（上司や組織からどう評価されているか）」を伝える。

③「ギャップの存在と解決」に合意を得る。
④「ギャップを埋める行動計画」を一緒に考える。
⑤「本人主導で考えた行動計画」を継続的にフォローする。

第一段階では、部下が「自分自身をどう評価しているのか」をフラットな状態で確認しましょう。

たとえば、目標未達成の部下に「あなたの今期の業績や営業活動について、どのように認識していますか？」という質問を投げかけます。

ここで「本当に苦戦しています。申し訳ないです」と自覚している部下であれば、会社側の評価と合致しているので、「これからどうしましょうか？」と話を進めやすくなります。

逆に「未達成ですが、ほかの人と比べたら断然いいですよね」「この市況で、私ができるベストに近いですね」などと、会社側の評価と自己認識に大きなギャップがある人もいます。この場合は、そのギャップを認識してもらうことが、改善に向けてのスタートです。

第一段階で気をつけるのは、最初に上司評価を伝えて部下の率直な自己認識を開示しにくくさせないことです。たとえば、「今期はなかなか苦戦しているようですが、調子はどうですか？」。これでは、「私は、今期苦戦しています」と自覚させるようなもの。苦戦していると思っていない部下は本音を答えづらくなり、その後の対話も表面的になります。

第一段階の目的は、部下の自己評価と自己認識を聞き出すことです。上司としては、「あなたはそう思っているんですね」とわかればいいのです。

第二段階では、会社や上司が部下の仕事ぶりをどう評価しているか伝えましょう。

特にローパフォーマーの場合、どうしても厳しい評価になりますが、オブラートに包まず、具体的な事実や言動に基づいて真摯に伝えることが肝心です。そして、足りない点だけでなく「上司としてはどうなって欲しいか」「あなたに期待していること」という期待を伝えることで、どこにどれくらいギャップがあるのか話し合いましょう。

部下としては、評価を聞くだけでは「はい、そうですね」とはなかなか納得できません。成果と期待におけるギャップの存在を認識することができてはじめて、次の段階へ話を進められます。

第三段階では、「ギャップが存在すること」と「そのギャップを解決すること」に合意を得ましょう。

上司がギャップを認識して伝えても、それだけで部下に伝わったことにはなりません。言葉としては受け取っても、心で受け止めていなければ意味がありません。相手が認識していないことは、存在しないも同然です。

「あなたとしては、このギャップに対する認識はいかがですか？」

「本音の部分で、改善の必要性は感じていますか？」

「上司の認識と違っている点があれば、率直に教えてください」

など、前述したスキルセット「傾聴」をフル活用しながら部下と認識を合わせていきましょう。

この段階で、部下が「上司と同じく、自分もこのギャップを認識した」「このギャップを改善する必要がある」と自分の意志で合意することが重要です。

第四段階では、ギャップを埋めるための行動計画を一緒に考えましょう。

一緒に考えるとはいっても、行動計画を考える主役は、あくまでも実際に計画を遂行する部下です。なんとかしてあげたいと思っている上司や成功体験が豊富な上司などは、あれこれアドバイス（指示）をしまくって改善策をつくりたがる傾向がありますが、ベースになる計画をつくるのは部下のほうです。

部下がつくることに意味があるのは、自分の言葉に嘘をつきたくないという「一貫性の原理」が働くことで、自発的に変わろうとするようになるからです。

しかし、上司が行動計画をつくると「できなくても上司が決めたことだから関係ないか」「私が決めたことではない」と、当事者意識が弱くなります。上司は、部下がつくった改善策に「必要な支援を確認する」「アドバイスを与える」「達成したイメージを共有する」という支援的なスタンスを崩さないようにしましょう。

第五段階では、改善に向けた行動計画に基づく実践です。

スキルセットの「諦める」の項で話したように、人の行動が変わるまでには3〜6

カ月はかかります。立てた計画を放置せず、その間、上司は部下をしっかりフォローしましょう。

1on1やチャットや会議などの場を活用しながら、部下が行動計画通りに活動していたら承認・賞賛し、行動が下回っていたら原因を確認していきます。

面談時は厳しい指摘や評価が大きなウェイトを占めますが、面談後のフォローアップ期間は「出来たことに目を向ける」「出来なかったことは一緒に解決策を考える」、ポジティブなフィードバックで部下が「行動計画を実行することが楽しい」と思えるコミュニケーションを心がけてください。

「サーバント（奉仕的）リーダーシップ」というリーダーシップ論があります。上司は前で牽引するのではなく、横や後ろから部下の成長や達成に奉仕する、という考え方です。行動計画の検討と実践では、特にこの姿勢が重要です。

実際の面談では第四段階まででですが、部下の行動が変わるまでがネガティブフィードバックの主旨であることを忘れないでください。

面談でしっかり伝えたので終了ではなく、面談で合意したゴールまで、計画が遂行

面談チェックシート（面談の構造化）

ポイント	やってみた結果・合意した内容
①部下の自己認識・評価を聞く	
②会社の認識・評価を伝える	
③ギャップの存在と解決に合意を得る	
④ギャップを埋める行動計画	
⑤行動計画をフォローする頻度と仕組み	

されたか見届ける姿勢が求められます。また、すべての段階を1回の面談で終わらせることもありません。部下が本音で納得するまでとことん話し合い、自発的に動けるようになるまで待ちましょう。

第7章

パワハラにならない伝え方のポイント

パワハラに怯えているのは上司側

「パワハラが怖い」。

これは、部下ではなく上司からよく聞くコメントです。

ネガティブフィードバックができない理由のひとつです。

「パワーハラスメント」を筆頭に、世間には「○○ハラスメント」が50種類以上存在すると言われています。「セクシャルハラスメント」「モラルハラスメント」「ジェンダーハラスメント」「マタニティハラスメント」「パタニティハラスメント」「アルコールハラスメント」「リモートハラスメント」「スメルハラスメント」などなど。

どう言えばいいのか、どう振る舞えばいいのかわからずに、ただハラスメントになるのが怖くて、「言わぬが仏」とネガティブフィードバックを苦手としている上司は多いようです。

第7章では、パワハラにならない伝え方について解説します。

厚生労働省では、パワーハラスメントを「職務上の地位や人間関係など、職場内での優越的な関係を背景に業務の適正な範囲を超えて、身体的もしくは精神的な苦痛を与えること」と、定義しています。

身体的な苦痛である暴力などは論外ですが、精神的な苦痛のポイントは、相手の性格や人格に対して攻撃的な言動をすると「人格権の否定」になるリスクが高いという点です。つまり、「お前は協調性がない人間だ」「あなたは主体性が低い」などという発言は、パワハラと訴えられるリスクがあるということです。

その点、ネガティブフィードバックは、相手にとって「耳が痛いこと」を伝えるという性質上、「精神的な苦痛」は大なり小なり発生します。「業務の適正な範囲を超えて」しまうとパワハラ案件になるリスクが潜んでいます。しかも、伝える側は、「職場内での優越的な関係」にあたる上司です。

パワハラにならない伝え方のポイントをあげると、以下になります。

①「性格」ではなく「行動」と「事実」について話す
②エモーショナルなコミュニケーションを心がける
③アンガーマネジメントを身につける

このポイントを抑えれば、かなりの確率でパワハラになるリスクを避けられます。

実際、いろいろな会社で何千という管理職へフィードバックのトレーニングをしてきましたが、その後に行われた面談でハラスメントを指摘されたり、パワハラだと訴えられたりしたケースは一度もありません。

「性格」ではなく「行動」と「事実」について話す

パワハラを回避するには、まず、「行動と事実に基づいて話をする」ことを心がけることです。

フィードバックをする上司に、「部下のどんなことで困っていますか？」と質問すると、こんな答えが返ってきます。

「責任感が不足している」

「もっと主体性をもって仕事に取り組んでほしい」

「協調性に欠けている」

「積極性がない」

たぶん、上司の目から見るとその通りなのかもしれませんが、ほとんど性格や意識にフォーカスしたものばかりです。性格面の問題を部下に突きつけると、2つのリスクがあります。

1つは「パワハラになりやすい」こと。

もう1つは「部下の行動が変わらない」こと。

たとえば、「（仕事に対する）責任感が不足している」という指摘は、部下から見ると「私は、責任感のない人間だと言われた」とほぼ同義になります。性格面の問題を指摘すると、「人格権の侵害」に直結しやすくパワハラのリスクが高まります。

また、性格面を指摘してもネガティブフィードバックの目的である部下の行動変容につながりません。性格にフォーカスされても、部下としては具体的な解決策を考える手立てがないからです。

たとえば、「仕事に対する責任感がない」と指摘しても、部下にはこんな疑問が湧いてきます。

「責任感のある仕事とは何？」
「私のどこが責任感不足なのか？」
「具体的にどの仕事に対して言っているのか？」
「何をどうすれば上司は責任感があると評価するのか？」

つまり、部下はどうすればいいのかわからないのです。

しかし、行動と事実に基づいて指摘すると、何を期待されているのかが具体的に見えてきます。

たとえば上司が「責任感の不足」を感じた事実が、「先月の新商品開発プロジェクトで、その部下がプロジェクトリーダーだったにもかかわらず、会議のスケジューリングもアジェンダ作成も他人に任せていた。プロジェクトメンバーからは無責任だと批判が出た」ということであれば、「責任感」という抽象論ではなくプロジェクトにおける行動について話し合いましょう。

「プロジェクトリーダーとして、スケジュール設定とアジェンダ作成は自分で行ってください」と指摘されれば、部下は次回から高確率で指摘された行動を変えるはずです。

その後、部下が望ましい行動を取り始めたら、きちんと感謝や賞賛を伝えましょう。さらに、行動が改善すると周囲の評価や反応が好意的に変化します。

上司や周囲から好意的なフィードバックを受け取ることで、部下の「帰属欲求」「承認欲求」が刺激され、その行動をくり返したくなります。その結果、だんだん上司や周囲からの「無責任」という評価は減り、部下本人も「こういう行動が周囲から期待されるのか」と学習することで無責任な行動も減少していきます。

いきなり性格や意識は変わりません、顕在化している行動を変えることで、徐々に意識に変化が現れ、長期的には性格面に影響が出るという順番になります。

フィードバックをする前に、上司としては下記の問いを立ててみてください。

「何をもって、私は部下の積極性が足りないと判断しているのか？」

「具体的に、どういう行動（または行動しないこと）を問題として認識しているのか？」

「その行動が、どう変わればギャップがない状態なのか？」

具体的な業務に落とし込んで部下に話をするのが基本です。日常の業務に関する指摘ならば、「業務の適正な範囲」内であり、相手の人格を否定することにはなりません。

論理的に正しくても、相手を追い詰めるのはNG

ただし、事実に基づいているからといって、相手を追い詰めるようなコミュニケーションはNGです。人格を否定する発言はなかったとしても、部下に「精神的な苦痛を受けました」と言われる可能性があるからです。

ネガティブフィードバックの目的は、部下の行動を否定することではなく、発生しているギャップについて気づきを与え、成果を出せる行動に変えることです。

たとえば、理論派で完璧主義の上司の中には部下の「ダメな行動」「変えて欲しい点」を列挙して、部下を全否定するケースが見受けられます。

たしかに、人格ではなく行動に着目しているかもしれませんが、上司の話がいかに論理的に正しくても、ダメな点だけに着目して「だから、評価を下げます」「困るので、改善してください」などと追い詰めれば感情的な反発を招き、大きなトラブルに発展するリスクがあります。

実際にある会社では、部下が降格に関するフィードバックに納得できず、「弁護士を介さないと私はあの上司と話しません」と泥沼化したケースがありました。

会社から相談を受けた私は、その上司と人事にヒアリングをしました。

上司の方は理論派で冷静な方でした。当然ハラスメントに関する知識もあり、指摘している部下に関する問題点も合理的なものでした。

ただ、その論理がすべて「会社に雇用されているのだから成果を出すのが当然の義務だ」「上司の指摘はすべて正しい」「会社の降格規定は絶対だ」「だから、成果が出ていないあなたは降格を受け入れて改善する必要がある」と、反論を許さず部下の言い分も聞かず部下を追い詰める方向で構築されていました。

また、ヒアリングの口調や発言から、「部下に対する思いやり」を1ミリも感じ取ることができませんでした。「忙しい中、感情的な問題社員に迷惑している」「理屈が通用しないので、どうやったら説得できるか方法を知りたい」「こういうケースでは、解雇はできないのか？」といった具合です。

実際に部下の行動にはそれなりに問題がありましたし、上司が言うことは論理的には間違っていません。ただ、「私が言っていることは客観的な事実で正しく、間違っているのは全て部下だ。だから、部下が改善すべきだ」とロジカルに追い詰めていくコミュニケーションでは、部下は反発と不信だけを強めていきました。

「あなたの言うことが正しいかどうかは関係なく、あなたのコミュニケーションの取り方で私は精神的苦痛を受けている。そういう人を管理職として据えている会社にも不信感しかない。だから、信頼できない上司の評価に納得ができないし、信頼できない相手と話すことは怖いので弁護士を立てます」

第5章のマインドセットで紹介した「相手軸の感情」がまったくないことで起きた悲劇です。部下も莫大なエネルギーやコストを消耗しますし、会社側も大きなリスクを抱えることになります。

この件で、私は上司と人事に、「上司のコミュニケーションは理屈として正しいが、その正しさがすべて会社側の論理と上司側の論理だけで構成されています。正直に言えば部下に対する配慮を第三者として感じられないので、部下が怒りや不安を感じる点も理解できます。どちらが間違っているかの粗探しは無意味だし、信頼関係がここまで毀損している中で今後一緒に働くことは難しい。人事が弁護士と冷静に話し合ったうえで、配置転換などで合意したほうが良いかもしれません」と助言しました。

この上司は論理的で優秀なビジネスマンなのかもしれません。しかし欠けている視点がありました。それは「部下の成長を応援する」「部下の感情に配慮する」「部下の意見に耳を傾ける」という基本的な姿勢です。

部下に対してそうした思いがないと、「それで改善できるの?」「できなかったらどうするの?」などと、まるで機械のように問い詰めていくコミュニケーションになりがちです。そんな上司が目の前にいると、部下も自分の意見を話したくなくなります。「この上司や会社と話しても理解されない」と思うまで追い詰められれば、部下の選択肢は外部へ訴えるしかなくなります。

パワハラを回避するには、ロジカルだけでなくエモーショナルなコミュニケーションを意識することも大切です。

人間は誰しも感情があります。感情面でこじれると、その後のリカバリーは極めて困難です。部下の感情や意見に共感しつつ、「そういう考え方もありますね」「なるほど、それはいいかもしれないですね」などと、傾聴しながら相づちを打ってください。

上司がロジカルに問い詰めるようなことをせず意見を聴く姿勢を示せば、部下も落ち着いてコミュニケーションがとれるようになるはずです。

厳しい言葉が威圧的に聞こえないための準備が、第4章で解説した日常のマネジメントです。ふだんから良好な関係を構築している上司と部下であれば、少し空気を変えるだけで部下に上司の真剣度が伝わります。

また、日頃のコミュニケーションを通して、部下のWILLを認識しておくことも厳しい言葉をやわらげることにつながります。

部下のありたい姿ややりたいことを理解していれば、ギャップを埋めることが部下の将来のために意味のあることだと伝えられるからです。

上司が「あなたのキャリア形成や成長を応援したい」「あなたに、会社に貢献しながら良い人生を送って欲しい」「そのために、このギャップを埋めて欲しい」と前向きな感情を乗せてフィードバックを行うことで、対立ではなく共同で問題解決する方向で対話が可能になります。

上司の求めるMUSTが部下のWILLとリンクしていなければ、正論であったとしても、「私の言う通りにやりなさい」「やってもらわないと困ります」などと、強制的に聞こえることがあります。

「優しすぎる上司」が陥りやすい失敗

管理職研修やコンサルティングでいろいろな会社の上司を見ていますが、昔のような「厳しすぎる上司」「熱すぎる上司」は極めて少数で、「優しい上司」「優しすぎる上司」のほうが大勢を占めています。

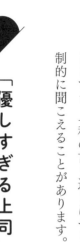

以前、人事関連のコミュニティで「若手の覆面座談会」に参加した際、大手企業に勤める若手社員が、「配慮はして欲しいが遠慮はして欲しくない」と言った言葉が印象に残っています。

「上司が自分たち若手に過度に気を遣っていることが伝わってくる」とのことで、「ありがたい反面、足りない点があれば言い方への配慮はして欲しいが遠慮はして欲しくない」「遠慮され過ぎると、自分が大人でなく子ども扱いされている気分になる」「指摘されずに成長できないことは避けたい」と言っていました。

伝え方やタイミングや場所などの配慮は必要ですが、配慮しすぎて遠慮してしまうとネガティブフィードバックの目的を達成できなくなりますし、スポイルされて気づきや成長の機会を失うことは、部下自身も望んでいません。

最近は、ハラスメントに対する社会の目が厳しくなったこともあって、「パワハラ発言しそうな怖い」上司よりも、「パワハラを怖れて必要なことを言えない」上司が増えてきています。

いわゆる〝優しすぎる〟上司です。

優しすぎる上司が増えてきたことで、管理職向けの研修を行うと次のような問題が顕在化しています。

「必要に応じて厳しいことを言わなければいけないのはわかりますが」

「何がハラスメントになるのか、さっぱりわからなくて困っている」

「相手の話を聞いてギャップに気づいても、どう話せばいいのかわからないので見て見ぬふりをしてしまう」
「部下の感情にはいつも過度に配慮している」
「特に若手は厳しく言うと辞めそうで不安」
「負荷のかかる仕事を頼むと嫌な顔をされそうで、結局上司の自分が抱えてしまう」
……

パワハラのリスクを上げるのは、冒頭でも話したように、「相手の人格や性格を否定するような発言」と「威圧的な話し方」です。相手の性格面に目を向けるのではなく、具体的な行動や事実に基づいて落ち着いて真摯なコミュニケーションをとればリスクは限りなく軽減できます。

さらに言えば、優しすぎる上司は部下や組織の感情や空気を気遣える人でしょうから、そもそもエモーショナルなコミュニケーションは得意のはずです。

部下の話に耳を傾けることも、部下の話に寄り添うこともできるでしょう。フィードバックの面談において、部下が上司に対して本音を話せる「心理的安全性」を担保することもできるのではないでしょうか。

翻って厳しい言い方をすれば、部下の「感情」だけを配慮して部下の「成長」に必要なメッセージを伝えられない上司は、「管理職としての職務を半分放棄している」とも言えます。「嫌われるのが怖い」というのは「自分の都合」「自分軸の感情」であり、部下側を見ていないとも同義になります。それは真の優しさではありません。

「PM理論」というリーダーシップ論では、リーダーの役割は「P：目標達成（Performance）」と「M：集団維持」（Maintenance）とされています。配慮しすぎて遠慮になっているリーダーは、Pの観点が抜け落ちている可能性があります。

逆に、部下の感情に配慮しない「厳しすぎる上司」「冷たすぎる上司」はMの観点が抜けているため、中長期的にはメンバーが自律的に成長しにくく、成果を求めてより強い鞭を使い続ける悪循環に陥るリスクがあります。

「北風と太陽」の寓話ではありませんが、優しさと厳しさ、暖かさと冷たさは、どちらか片方では適応困難な場面に遭遇します。バランスよく使い分けましょう。

「部下の成長に必要なことは、嫌われるリスクは覚悟して耳が痛いことでも伝えてあげる」

「部下を子供扱いせず、理性的で成熟した大人として扱う」

こうした上司の毅然とした姿勢こそが、本当の意味での部下への配慮ではないでしょうか。優しすぎる上司のみなさまも、自信をもってネガティブフィードバックを行ってください。

初回の面談は感情的になりやすいので注意

パワハラを回避するために気をつけたいのは、特に1回目の面談です。

予期せぬ評価や厳しい通告を受けた部下が、伝えられた内容を冷静に受け止めるとは限りません。「どうして私がそんなことを言われなければならないのか」と、感情的になって上司に食ってかかる人もいるでしょうし、口には出さなくても不満ありありの人もいます。

その態度に上司も感情的に反応すれば、面談は収拾がつかなくなります。

感情的なやりとりになったときに怖いのが、上司がつい口にしてしまう、部下の人格を否定する言葉と、大声や早口や腕組みや無表情などでの威圧的な態度です。パワハラと認定される可能性がありますし、その後の組織マネジメントに支障が出ます。

ネガティブフィードバックでは、「何を言ったか（言葉）」だけでなく「どう言ったか（態度）」も重要です。

感情的になりやすい1回目の面談を乗り切るには、上司はまず「心を整えてから臨む」ことを忘れないでください。心の整え方は、第5章のマインドセットの項で話した通りです。

そして、部下を呼びつけて「いきなりフィードバック」を始めないことです。「今日は少し改善してほしいところについてお話ししたいと思っていますが、話しても大丈夫ですか？」という確認を取り、部下の「はい、わかりました。今だったらちゃんと聞けます」という合意を得てから面談に入りましょう。

上司の心を整えるだけでなく、部下にも心の準備の猶予を与えましょう。必要なら、面談の時間を改めて設定することです。

お互いに落ち着いて話せると思っていても、実際に厳しいことを並べられた部下が感情的になることはあります。そういうときは、第6章でお話ししたように、エスカレートする前に、「お互いに少し感情的になってきたようなので、また来週話し合いましょう」と「1回で面談を終わらせない」のも有効なテクニックです。

怒りの感情をコントロールする

伝えられた部下が最初の面談で気分を害して感情的になりやすいのはわかりますが、伝える側の上司も感情的になるのはほめられません。

現実的な場面で、相手の不満な態度や挑発するような発言、ピントのズレた回答、何を聞いても発言しない沈黙などに冷静に対応するのは簡単ではありませんが、上司が感情的になればパワハラのリスクを上げることになります。

そこで、身につけてほしいのが、「アンガーマネジメント」です。アンガーマネジメントは怒りの感情と上手につき合うための心理療法プログラムとして、1970年代にアメリカで生まれたものです。当初は犯罪者のための矯正プログラムとして活用されていましたが、時代とともにビジネスシーンや日常生活にも応用されるようになり、企業の研修などでも取り入れるようになっています。

アンガーマネジメントは、常に怒らないようにすることではなく、自分の怒りの感情やパターンを認識し、怒るべき場面では適切に怒り、怒る必要がない場面では怒りを抑える技術です。要するに、怒りという感情を自分でコントロールするということです。

このスキルを身につけると、怒りに任せて行動することはなくなります。たとえば、部下の反抗的な表情や挑発的な言葉に怒りの感情がわいてきても、落ち着いて対話できるということです。

具体的なテクニックとしてよく知られているのは、「6秒ルール」です。怒りの感情は6秒でピークを迎え、その後は徐々に弱まるといわれます。つまり、イラッときても、6秒間我慢すると怒りの感情がおさまってくるということです。

面談で瞬間的・感情的なやりとりになるのは、この6秒間を待てなくなっている可能性があります。お互いに「ああ言えばこう言う」状態で批判合戦になってしまいそうな場合などは、一度会話のペースを落としましょう。

それでは、6秒間をどうやって我慢するか。たった6秒とはいえ、「6秒待ちなさい」と言われると、意外に長く感じるものです。

面談中にできることとしては、会話の中でしっかり沈黙や間をつくる、心の中で「1、2、……」と数える、少し長めに深呼吸する、相手の反応を見ながらゆっくり話す、などがあげられます。上司側が6秒沈黙すると、部下にも6秒の沈黙が生まれます。その間に相手側も少し冷静になる効果もあります。

自分が怒る、イライラするパターンを把握する

アンガーマネジメントには、面談前に準備しておくことで怒りの感情をコントロー

ルするテクニックもあります。

そのひとつが、第5章でも少し触れた「コアビリーフ」の把握です。

コアビリーフとは、個人が正しいと思っている信念や価値観を指します。わかりやすく言うと、「こうあるべきだ」「こうすべきだ」と思っていることです。そして、このコアビリーフを他人や社会が破ったときに怒りの感情が生まれます。

コアビリーフのこだわりは人それぞれで、「こうあるべきだ」の許容範囲も広い人と狭い人がいます。

許容範囲が狭い人ほど、相手に自分の信念や価値観に沿った100％の行動をとらせたがります。自分の信念と少しでも異なると許せないからです。ネット情報やニュースなどで、自分とは無関係な他人の行動に強い怒りを覚える人は、この「コアビリーフ」が強すぎてうまくコントロールできていない状態と言えます。

さて、みなさんは自分が「こうすべきだ」と思ったことと少しでも異なる行動をとった部下を許せるタイプですか？　それとも許せないタイプですか？

自己分析して、許せないタイプという自覚がある人は、「相手には別のコアビリーフがある」「自分も相手も完璧ではない」「相手は反発することもある」ということを念頭においてから面談を始めるようにしましょう。

完璧主義・減点主義型の上司や、プレイヤー時代に華々しい成功体験を持つ上司、自分の技術や知識に自信がある上司、日々プレッシャーにさらされている上司は、自分の基準から見て不十分な部下に対して厳しくなりがちなので気をつけましょう。

上司の「コアビリーフ」を押し付けられた部下は、自分の「コアビリーフ」が侵害されるので当然反発します。部下の仕事へのこだわりや働くうえで大事にしている信条などのコアビリーフを把握して、そこを満たしながら成果が出る方法を一緒に考えてみてください。

もうひとつのテクニックは、「アンガーログ」です。

アンガーログとは、怒りを感じた出来事を書き出して可視化、点数化することです。特別な何かが必要というわけではなく、基本的には気持ちがネガティブになる出来事を言語化して吐き出します。「伝えることの不安」「相手への不満」「モヤモヤする理由」など、とにかく嫌だなと思うことは全て吐き出してみましょう。

そうすることで、「自分は何に怒っているのか」「何がイライラの原因なのか」「何が不安なのか」が具体的に見えてきます。

アンガーログを付けることで、自分が怒ったり、イライラしたりするパターンや傾向を把握しておくと、自分を客観視できるようになり、面談中の相手の反応に落ち着いて対応できるようになります。これは、自分を俯瞰する「メタ認知」や自分の感情を認識する「セルフアウェアネス」のスキル向上にもつながります。

私の場合、仕事でも生活でも「スピード感やスムーズさ」を重視しているため、「結論のない長い話」「行動や反応が遅い人」「渋滞や遅延に巻き込まれること」などにイライラしやすく厳しい評価になりがちな傾向があります。

その傾向を理解しておくと、「お互い話が長くならないように面談時間を短く設定する」「反応が遅い人には締切を明示しておく」などの対応がしやすくなります。

自分の怒りのパターンを知るには、「面談のロールプレイ」も有効です。

研修では上司同士でペアになってもらい、部下役を演じる上司の方に「なるべく面倒くさい部下を演じてください」とお願いします。

いろいろとネガティブな反応をする部下を演じてもらうことで、自分がどういう部分でイライラしたり、怒りの感情がわき上がったりするのか、上司自身が認識できるだけでなく、部下役から客観的に指摘してもらえるからです。練習で感情の動きを経験しておくと本番で感情的になるリスクを軽減できます。


ネガティブフィードバックは、まず部下の話を聞くことから始まります。部下が話しやすい環境をつくるには、上司が怒りをあらわにしたり、イライラした態度を見せたりしないことです。不機嫌な相手に本音を語る人はいません。

部下に「この人なら本音を言っても大丈夫」「この人は自分のことを本気で理解しようとしている」「最後まで遮らずに落ち着いて聴いてくれる」という安心感を持ってもらわなければ、全てを吐き出してもらえません。

そのためにも、自分の「こういう言葉に怒りを感じる」「この態度にイライラする」を把握して対応策を持っておくことは大事なのです。

ネガティブフィードバックは部下に厳しいことを伝えるため、パワハラになるのではと思っている上司の方は多いですが、「自分の心を整える」「行動と事実に基づき人格を否定しない」「相手の成長を支援するスタンスを持つ」「言うことと言い方に注意する」などに注意すれば過度に恐れることはありません。

実際に、私は何千という上司にフィードバック研修を実施してきましたが、その上司たちがパワハラで訴えられた事例は1件もありません。

部下のことを本気で考えて行うフィードバックなら、たとえ厳しいことを伝える内容だったとしても、多くの部下は真剣に耳を傾けてくれるはずです。

第8章

「ぶら下がる年上部下」「すぐ辞める若手部下」への向き合い方

ベテラン社員の「働かないおじさん」化が社会問題に

本章では、ネガティブフィードバックの具体的な活用シーンとして、「年上部下」「若手部下」を取り上げます。

近年、問題視されている「ベテラン社員の不活性化」と「若手部下の早期離職」。各社の研修でも、「日常のマネジメントで困っていること」について、この2点がほぼ毎回登場します。どう向き合えばいいのか頭を抱えている方も多いと思います。

第8章では、そうした部下へのネガティブフィードバックのポイントを解説していくことにしましょう。

2019年以降、早期退職あるいは希望退職者を募って人員削減を図る上場企業が増えてきました。

東京商工リサーチのデータでは、2018年は12社4126名だったのが2019

年は35社1万1351名と3倍近くになり、コロナ禍になった2020年には93社1万8635名、2021年は84社1万5892名と急激に増えています。

これらの企業は70・5％が早期・希望退職者の適用開始年齢または勤続年数を設定し、うち66％が40歳ないし45歳以上のミドルシニアを募集対象にしています（「コロナ禍における希望退職募集の実施状況」労政時報 第4014号）。

本来、経験豊富で組織の中核を担っているはずの40代・50代のミドルシニア層に対して退職者募集を行っているのが現状です。

そうした流れ受けて、2019年前後からメディアで取り上げられるようになったキーワードが、「働かないおじさん」。この言葉からイメージされるのは、「真面目に働かないのに給料をもらっている人」ですが、実際の相談内容はマスコミやネット上のイメージと異なります。

「真面目にコツコツ働いているが、最新の技術や会社の方針とギャップがある」
「役職定年、あるいは定年再雇用前後でモチベーションが落ちてしまう」
「働き方改革、リモートワーク、DX（デジタルトランスフォーメーション）に適応できず、従来通りのマネジメントを続ける管理職に困っている」
「慣れた業務はこなしてくれるが、自発的な能力開発や新しい挑戦、学習する習慣が根づいていないミドルシニアが多い」
「会社がジョブ型に人事制度を切り替える中、自分の活躍領域を真剣に考えてほしいが戸惑っているベテランが多い」

「真面目に働かない」というより、働いてはいるけれど、会社や社会環境の変化に対して「うまく働けない」というのが実状なのです。

こうしたベテラン人材の活用・活性化・処遇・評価は、会社や上司側も困っていますし、本人も「うまく働けていない」現状に悩みや不安を抱えています。

かつては「窓際族」という言葉がありました。出世や中核業務から外れた（外された）社員が、窓際で午前中いっぱい新聞を読んだり、役職を降りた人たちが喫煙所で雑談したりしているイメージです。それが良いか悪いかは別として、少なくとも会社には、そういう人材を雇用し続ける余力があった証明かもしれません。

しかし、今の時代、そんな余剰人員を雇っている余裕はどこの会社にもありません。2019年あたりから、大企業や経済団体のトップからも「新卒一括採用・年功序列型賃金・終身雇用という日本型雇用システムを維持しながらグローバルで競争していくのは難しい」というメッセージも出始めました。

激しい変化と厳しい競争の渦中にある組織の一員である以上、年齢にかかわらず自分の貢献領域を自分で獲得して、明確な成果を出し続けてもらわないと困るというのが会社の本音です。

一方で、ベテラン社員にキャリア相談などで本音を聞くと、シビアに言えば「ぶら下がり」「しがみつき」の意向を持つ人も一定数存在します。

「今の会社で十分な成果は出ていないが、外で通用するスキルも無いので転職は出来ない」

「今さら新しい環境に適応するのは難しいので、定年まで大人しく過ごしたい」

「収入が減ると家族を養えないので、多少居心地が悪くても今の仕事を続けるしかない」

「定年再雇用で収入は下がり雇用形態も嘱託契約になったので、今までより力をセーブして働く」

「会社が急にジョブ型とかキャリア自律とか言い始めたが、入社以来一つの部署で働いてきたので、ピンとこないし今まで通り働くだけ」

問題を難しくしているのは、そうした意欲の低下や環境変化でうまく働けないベテラン社員をマネジメントする管理職のほうが年下というパターンが増えてきていることです。いわゆる「年上部下と年下上司問題」。みなさんのなかにも、上司と部下の立場が逆転したという人もいるかもしれません。

意識や行動のギャップに対してネガティブフィードバックが必要だとわかっていても、キャリア豊富な先輩社員や自分の元上司や若手時代にお世話になった大先輩に厳しいことを伝えるのは気が引けます。その結果、年下上司が遠慮してしまい、年上部下に変化やギャップに気づかせる機会を失ってしまうことが「働かないおじさん」が増えている原因のひとつです。

2021年に高年齢者雇用安定法が改正され、70歳までの就業機会確保が努力義務化されました。「前例の無い長く働く時代」が到来し、上司はこれまで以上に年上の部下とつき合う時代になります。

成長したくて「ゆるい職場」を退職する若手社員が増加中

一方、「すぐ辞める若手部下」も問題になってきています。

2022年に刊行された『ゆるい職場』（中公新書ラクレ　古屋星斗）が大きな話題になりました。

本書に登場するリクルートワークス研究所の調査では、「特に1000人以上の大企業に就職した若手社員の職場環境（残業時間・業務負荷・休みの取りやすさ・心理的安全性など）は年々改善されているが、3年未満離職は2009年卒20・5％から2019年卒25・3％と増加、特に入社前に社会活動経験が多い社員ほど離職率が向上」「入社3年未満社員の36％が、自分の職場を〝ゆるい〟と感じている」「叱責されたことが無い若手社員は25％」と書かれています。

少し前までは、若手社員の退職といえば、「長時間の残業やパワハラが横行するブラック企業だから」というイメージがありました。しかし最近は、高い倍率を勝ち抜いてホワイトな大企業に勤めているのに、2、3年という早期で退職する人が多くなってきています。

実際、上述した調査だけでなく、弊社が大手企業から受託している「退職者インタビュー」でも、その傾向は顕著です。客観的に見ても、福利厚生もオフィス環境も給与制度も安定して充実しているホワイト企業を、特に会社や上司が将来を期待している「優秀で意識が高い」社員ほど、20代で自己都合退職していきます。

彼等・彼女等に話を聞くと、職場の環境や給料に不満があるわけではない。残業もほとんどない。上司も自分のことを気遣ってくれるし理不尽な指示もない。

しかし、「このままこの会社で働き続けて成長できるのか」「憧れるような先輩社員がいない」「精気の無い目をして働いている管理職やベテラン社員を見ていると、自分もそうなりそうで怖い」「学生時代にスタートアップで起業した同窓生に遅れをとっていて不安」といった将来の不安に駆られて、離職を決断する若手社員が増えているのです。

フレデリック・ハーズバーグが提唱した「二要因理論」というモチベーション理論では、職場には不満を取り除く「衛生要因」と満足を高める「動機付け要因」が必要とされています。

福利厚生や就業環境を整備して「心理的安全性」を高め現在の不満を取り除く「衛生要因」対応だけでは不十分で、将来の展望やキャリア形成を支援して「キャリアの安全性」を高め将来の不安を払拭する「動機付け要因」対応が重要です。

「キャリアの安全性」という表現をしますが、「この会社で働き続けて、将来の展望は開けるのか」「キャリアを成長させるために周囲からのアドバイスや支援を得られるのか」「ロールモデルになる先輩社員がいるか」「社外からも評価される人材に成長できるか」「教育研修や業務経験を通じて成長する機会はあるか」などに対する環境が整えられていなければ、不満のないホワイトな職場でも不安を感じた若手は2、3年で離職します。

昭和の時代は、「石の上にも三年」どころではなく、5年、10年辛抱するのは当たり前でした。終身雇用制度で定年まで働くのが前提のキャリアプランだったため、時間的に余裕があり、本人も上司も「今は大変でも、40代で課長、50代で部長を目指そう。給与も上がる」という期待があったからです。

ところが現在は、日本全体が右肩上がりの経済成長ではなくなり、終身雇用制度が形骸化し、早期退職や希望退職も一般化し、会社そのものも定年まであるかどうかわからない時代です。

だからこそ、定年まで勤める前提ではなく、あくまで自分の将来のために、大手の知名度の高い会社や教育制度の整った会社をキャリアのスタート地点として選ぶという人たちが増えてきているのです。

私は大学院で講義を担当していますが、20代の大学院生にキャリア観を聞くと、「卒業後はコンサルティングファームに就職するが、定年までいるつもりはなく、一定の業務経験を積んだら独立か転職を想定しています」「自分は会社を移っても人事としてキャリアを積みたいので、ジョブ型で最初から人事で働ける会社だけに応募しています」と当然のように語っています。

ＶＵＣＡと呼ばれる変化の激しい時代、若手社員の多くは、常に「自分が30代、40代になったときに大丈夫なのか？」「どの会社で、どう働くのが正解なのか」と考えています。

そして目に入ってくるのは、「自分の将来像でもある管理職の人たちが曇った顔をしている」「ベテラン社員が魅力的にも幸福にも見えない」……、という現実。そういう姿と外でキラキラしている人たちを見比べたら、離職を考えるのもよくわかります。

最近は特に、ＳＮＳや口コミサイトで他者の行動をリアルタイムで確認・共有しやすい環境です。「隣の芝生」を見る機会が、上司世代より圧倒的に増えています。

映画やテレビ番組を倍速で観ながら複数のＳＮＳを並行してチェックする、「タイパ（タイムパフォーマンス）」を重視する世代は、「石の上にも三年」なんて悠長に構えられないのです。

そんな価値観を理解しないまま「将来の出世に向けて」「長い目で考えて我慢しよう」などのフィードバックを行っても、会社を離れていく原因をつくるだけになります。

「ナラティブ」がズレている前提で話し合うと、関係性は劇的に変わる

「意欲が低下したベテランがぶら下がる」「意識が高い若手が早期に辞めていく」という望ましくない状況は、コミュニケーションやフィードバックでかなりの確率で改善可能です。

「ぶら下がる年上部下」と「すぐ辞める若手部下」へのネガティブフィードバックでポイントになるのは、部下のＷＩＬＬです。

第３章で上司は部下のＷＩＬＬを知らないと話しましたが、くすぶっている年上部下と辞めたがる若手社員の行動を変えていくには、「低下している年上部下のＷＩＬＬを掘り起こす」「若手部下のＷＩＬＬと会社のＭＵＳＴをすり合わせる」ことが重要です。どちらも、本人のＷＩＬＬを知らなければフィードバックの効果は期待できません。

そこで紹介したいのが、「ナラティブアプローチ」という手法です。

ナラティブとは、元々は、文芸理論で用いられる専門用語で、語り手の視点で自由に紡がれる物語を指します。映画やドラマの語りを指すナレーションも、ナラティブが語源です。現在では医療やカウンセリングやマーケティングなどにも活用されています。

つまり、部下がそれぞれに描く「人生のありたい姿」「仕事における自己認識」「会社生活の紆余曲折」「理想的なキャリアストーリー」などの物語や視点に着目するアプローチです。

人それぞれに入社した経緯、現在の生活環境、仕事上の立場、職務経験、大切な価値観、将来なりたい自分、ありたい自分が異なるのですから、同じ職場にいる上司・部下でも物語や視点が異なるのは当然です。その違いを理解したうえで、会社とのギャップを埋めていくことを話し合わなければ、部下の行動が自発的・継続的に変わることはありません。

部下の「こうなりたい」という物語を無視して、上司が「部下はこうあるべき」と

部下のナラティブを無視したフィードバック

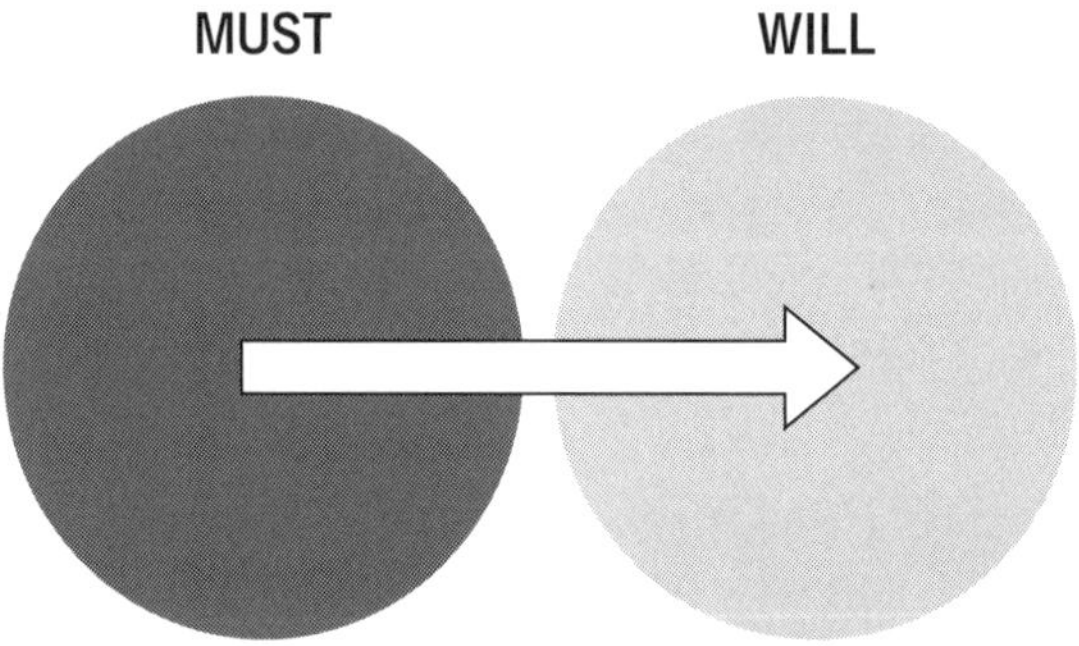

会社のMUSTを一方的に押し付ける説得型アプローチ

部下のナラティブを尊重したフィードバック

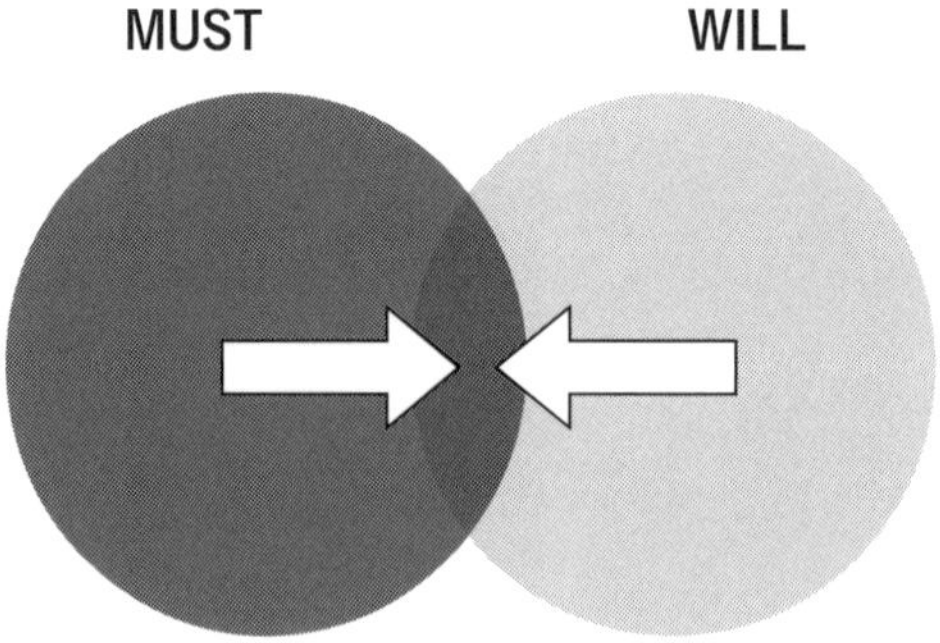

部下のWILL と会社のMUST が折り合う部分を双方で
探す対話型アプローチ

いう物語を押しつけていては、いつまでも平行線です。年上部下のモチベーションが上がることもなければ、辞めたがる若手社員を引き留められることもないでしょう。

どちらが良い、悪いではなく、「お互いに違うナラティブを持っている」という理解の下で話し合えば、どこかで「上司や会社が期待していることが、部下自身が望む人生やキャリアとリンクする」瞬間が訪れ、上司と部下の関係性は劇的に変わります。

「働かないおじさん」のナラティブ、上司側のナラティブ

年上部下のナラティブを理解するために必要なことは、部下のＷＩＬＬを時間をかけて引き出すことです。

「働かないおじさん」は悪意や故意で働いていないのではなく、本人なりに真面目にコツコツ働いている人が多いです。しかし、本人が積み上げてきた経験値やノウハウだけでは、変化するビジネス環境の中で会社や上司の期待に応えるだけの成果を出せ

なくなっています。

現在では、ほとんどの業種や職種で、5年前、10年前のスキルは陳腐化やコモディティ化して通用しなくなります。


若手社員よりも仕事の経験や知識が豊富なベテラン社員が成果を出せなくなるのは、「役職がなくなったから」「今さら上を望めないから」「定年まであと数年だから」など、キャリアや仕事に対する諦めでモチベーションが低下して「学ぶ」「変わる」「成長する」姿勢がなくなっているのが大きな原因と考えられます。

さらに、そういう受動的な心持ちだと、会社の新しいやり方に適応するのも後ろ向きになりがちです。「自分のやり方は、会社や世間のベクトルとズレてきている」と薄々感じていても、数多くの成功体験を重ねてきたそれまでのやり方を変えてまで頑張ろうという意欲がわいてこないからです。

人間には「一貫性の原理」があり、リスクを取って変化するより安全な過去の行動を取りたがる慣性の法則が働きます。この一貫性は、勤続年数や成功体験が多いほど頑強になります。

モチベーションが上がらない年上部下に対して年下上司が見て見ぬふりをしたり、逆に命令口調で「会社として困るので、やり方を変えてください」と職務権限で指示したりするのはいずれも逆効果です。

黙って放置すれば周囲とのギャップは広がり続けますし、単なる指示では外発的動機付けにすぎず一定期間でその効果は薄れていきます。

継続的な変化を促すために大切なのは、まず部下の内発的動機付けの根幹となる「ありたい姿」をしっかり聞き出すことです。「ありたい姿」は、仕事でもプライベートでも構いませんし、1年後でも5年後でも定年後でも構いません。

とにかく、本人が本心から「こういう状態になれたら、自分の人生や社会人生活は悔いなし」と思える姿を探っていきましょう。

もちろん最初は、「今さら考えても」「そんなこと考えたこともない」「考えても意味がない」と反発する人や困惑する人もいるでしょう。

特に、いわゆる「日本型雇用システム」や「メンバーシップ型」と呼ばれる働き方で、新卒入社した会社で会社の異動辞令や業務命令（MUST）を疑うことなく遂行してきた人の中には、「ありたい姿（ＷＩＬＬ）」を本当に考えたことがない、という人も一定数います。

それでも、「長く生きる時代」「長く働く時代」に自分なりのキャリア観や人生観を持つことは有効なので、上司側も自己開示して話し合いながら見つけることです。

自分の「ありたい姿」について考えることは、「自分はなぜ働くのか？」「なぜ今の会社で働いているのか？」「人生のやりがいは何か？」など、生きることや働くことへの意味付けを行うために有効です。第４章で紹介したアメリカの心理学者で、学習性無力感の理論でも知られるマーティン・セリグマン博士が提唱するポジティブ心理学の「ＰＥＲＭＡモデル」では、「Meaning：ミーニング」と呼ばれるこの意味付けができると、幸福感が高まるといわれます。

だからこそ、会社から求められるＭＵＳＴではなく、自分がやりたいＷＩＬＬを語ってもらい掘り下げていく。この「ありたい姿」が見つかると、年上部下と年下上司のナラティブをつなぐ架け橋になります。

現状の成果は芳しくなくても、長く会社を支えてくれたことに対する敬意や感謝の気持ちを忘れずにコミュニケーションをとれば、必ず部下からＷＩＬＬの種が出てきます。

「定年の日に、後輩に惜しまれながら会社を去りたい」

「自分が培った技術や知識はすべて伝えておきたい」

「お客様に喜ばれる瞬間が、自分が会社で頑張ってきた原動力だ」

「社内の困り事を解決して喜ばれることがうれしい」

「60歳で会社を退職して、海の見える場所でカフェを経営したい」

「子供が社会人になるときに、目指してもらえるかっこいい親でありたい」

「会社を辞めてからも付き合いが続く信頼関係をつくりたい」……

こうした「○○したい」「○○がうれしい」など、本人のナラティブ（物語）がわかれば、上司側の「こうあって欲しい」「こういう状態を期待している」というナラティブとの共通点を探ることが出来ます。

「お互いのＷＩＬＬが両立する状態とは？」「ベストな状態を実現するために必要なことは？」など、本人にとってもハッピーな未来に向けた物語を「一緒に考える」ことができます。今後のナラティブをつくることではじめて、部下は会社の期待とのギャップを受け入れる準備が整います。

『7つの習慣』（キングベアー出版　スティーブン・R・コヴィー）の第5の習慣「まず理解に徹し、それから理解される」は、ネガティブフィードバックにおいても真理です。まずは部下の希望を理解し、そのうえで上司と会社の期待を理解してもらいましょう。

「自分のありたい姿（WILL）」が明確になり、その理想を実現するために「変わらなければいけないこと（CAN）」や「期待されていること（MUST）」が腹落ちすれば、多くの人は変わる努力を始めます。

定年退職まで数年だから「WILL」がないとは限らない

ある部品メーカーで技術職として働く60歳のBさんの話を紹介しましょう。

超ベテランのBさんは、新製品や既存品の生産計画の立案や技術的な評価をする部門で働いていました。「言われたことはやりますが、それ以外はやりませんよ」というスタンスのうえに、「相談に来るなら教えてやるよ」という威圧的な態度だったので、数年間最低評価が続き、若手社員が積極的に相談に来ることもなかったそうです。

経験も技術もあるBさんの行動をなんとか変えられないかという依頼が私たちにあり、再活性研修を行うことになりました。「どうして自分がこんな研修を」という気持ちがあからさまのBさんは、イスに座るなり、腕を組んでふんぞり返っています。最初の抵抗段階は想定内だったので少しずつコミュニケーションをとっていくと、彼は溜め込んでいた不満を漏らし始めました。

「自分は会社から評価も期待もされていない」

「周囲の同僚は自分に何も相談してこない」

「こういう研修で、自分を体よく辞めさせるつもりだろう」

「後は、定年まで会社にしがみついて給料をもらいます」

Bさんに不満を吐き出してもらったところで、今度はこちらから見えているナラティブを伝えました。

「Bさんが自分への評価や周囲の対応に不満を持つ気持ちは理解できます。しかし、その状態で周りに壁をつくったまま定年までの5年間やり過ごしたとしましょう。会社を去る最後の日、同じ部門で働いてきた同僚や後輩に「あの人、やっといなくなったね」と思われる可能性が極めて高いです。その状態は、30年以上勤めた会社の終わり方として本当に望んでいる姿ですか?」

「御社は優しい（甘い）ので、たしかに定年まで今のスタンスでやり過ごすことはできます。ただ、一度きりの人生なので、今の状態は一旦度外視して5年後、職業人生のフィナーレがどういう状態なら心から満足できるか、一度真剣に考えませんか?」

しばらくすると、黙っていたBさんからポロッと本音がこぼれてきました。

「自分はものづくりが好きでこれまでやってきました。それが最近では裏方的な業務が続き不満を抱えていた。最後は自分が関わってきた製品のノウハウや技術を伝えたうえで、後輩や同僚に感謝されて終わりたい」

「30年の会社生活を終えて帰宅したら、家族に心から労いの言葉をもらい、その後はゆっくり家族旅行にでも出かけたい」

Bさんのキャリアの原点とゴールというナラティブが見えてきました。そこで、改めて会社が求めることを年下上司からBさんに事前に書いてもらっていた手紙を渡しました。

「私は昔指導してもらった大先輩であるあなたに対して本当に期待しています。ただ、不満を前面に出した空気感があるので上司の私も話しかけにくく、周りの同僚や若手も相談しにくい状態でした。遠慮してしまったことは私の失敗だと考えています。技術力は十分あるはずなので、その点を変えていただけますか？」

1回の研修だけで2人のナラティブが100％合致することはあり得ません。それまで距離を取っていた関係性が簡単に縮まるとは思えないからです。

しかし、この研修でお互いに思っていることを率直に開示して、Bさんは「自分の態度が周囲や上司を遠ざけていた」、上司は「自分も遠慮して本音や期待を伝え切れていなかった」と「相手の落ち度」ではなく「自分の落ち度」を内省して気づいたのは大きかったようでした。

それから2カ月くらいかけて、定期的な1on1ミーティングを通じて「65歳で会社を離れるときに周りから感謝される、あるいは今まで培ってきた技能が伝承されるように、どんなことをやっていくのか」という改善策を話し合う中、さらにお互いに本音をぶつけ合ったといいます。

上司は「少なくとも研修後は、前より腹を割って話せるようになったので、感じていること、やってほしいことがリクエストしやすくなりました」と話しています。

その後、Bさんは、自分から周りに「何か困ったことはありますか？　私が持っているノウハウを使って部門がらくになるようなマニュアルをつくって、社内イントラで発信していきます」と行動がガラッと変わりました。周囲の同僚や後輩も、徐々に相談する機会が増えていったそうです。

そして次の評価では、会社の期待に応えられるまでになっていたそうです。

何歳になっても、ほめられたい、認められたい

不活性になっている社員向けの再活性研修では、「ライフキャリアカーブ」というワークを取り入れています。これまで働いてきた人生を俯瞰して、うれしかった瞬間、辛かった瞬間など気持ちの浮き沈みを曲線で描いてもらうというものです。

その後、グループワークを行いますが、ベテラン社員たちが目を輝かせながら次のように話しているのをよく見ます。

「上司からほめられたのが誇らしかった」

「お客さんが喜ぶ姿に充実感を味わえた」

「残業や徹夜もあって大変だったが、製品が完成したときの一体感は最高だった」

「若手社員にアドバイスして、感謝されたことが忘れられない」

彼らの話に共通するのは、他人に感謝されたり、ほめられたり、一緒に苦難を乗り

越えたことです。人は関係性を重視する生き物です。そういう経験は、多くの社員にとってうれしい瞬間になっているとわかります。

しかし、ベテランになると、ほめられる機会がガクンと減ります。なぜなら、「できるのが当然」「やって当たり前」「ベテランなのに、どうして目標を達成できないのか」「管理職は若手をほめる立場であり、ほめてもらう立場ではない」ということになるからです。

つまり、ベテラン社員は、心のご褒美がない状態で5年、10年と走り続けてきた人が多いということです。その状態が続くと、当然心理的エネルギーは低下していきます。「あの人はやる気がない」ではなく「やる気がなくなる環境に囲まれている」ということです。

キャリアを重ねたベテランだからといって、周囲からの承認は不要というわけではありません。何歳になっても、承認や称賛は働くための重要なエネルギーになります。

心のエネルギーを意味する「心理的資本（Psychological Capital）」という概念があり、私は「日本心理的資本協会」の理事をしています。この心理的資本を高める以下4要素の頭文字を取って「HERO」と呼んでいます。
「ホープ（Hope：希望）」「エフィカシー（Efficacy：自己効力感）」「レジリエンス（Resilience：乗り越える回復力）」「オプティミズム（Optimism：楽観性）」

特に、周囲からの承認や肯定的なフィードバックは、自分が誰かの役に立っているという「ホープ」と「エフィカシー」を高めます。その結果、変化に際しても適度な楽観性をもって乗り越えることが可能になります。

年上部下へのフィードバックは、若手社員以上に、よくやってくれている点や感謝した行動にも目を向けることが肝心です。そして、部下の強みや期待していること、変わってほしいことを遠慮せずきちんと言語化して伝えることです。

再活性研修のときに効果的なのが、先述した上司からの手紙です。

上司から見た「部下の強み」「いい影響を与えていること」、一方で「課題になっていること」「期待していること」を書いた手紙を研修の後半に渡して読んでもらいます。

すると、多くのベテラン部下から「感動しました」「面と向かって言われる機会がないので新鮮だった」と反応が返ってきます。

「自分のことをこう見てくれているのか」「日頃言われていることと、ここで書かれていることは合っている」「自分では気付かなかった強みと課題が書いてあった」といった信頼関係が上司と部下の間にできると、ギャップを埋めていくための改善策について腹を割って話し合えるようになります。

部下といっても、ベテラン社員の人たちは「うちの会社をここまで支えてきたのは俺たちだ」「長年、身を粉にして会社に貢献してきた」という自負や誇りがあります。実際、多くの人は会社の歴史の中のどこかで活躍した瞬間が必ずあります。

そこに対する感謝と尊敬の念を忘れなければ、ポジティブなフィードバックはすぐにできるはずです。

「○○さん、この間教えていただいた情報がとても参考になりました」

「○○さんが話してくれた事例ですが、新しい提案を考えるときに役に立ちました」

内容は、小さなことでも構わないと思います。感謝できる行動があれば、多少大げさでも言葉にして伝えてください。それにより「新しいことを学ぼう」「また何か教えてあげよう」「こういうことをすると喜ばれるのか」という認識が生まれ、行動変容につながります。

そのうえで、彼らに足りない部分やさらに伸ばして欲しい点をフィードバックすると、上司の言葉は年上部下に強く刺さることになります。

「すぐ辞める若手社員」のナラティブ、上司側のナラティブ

あるＩＴ企業で若手社員の離職が問題になっていました。昨日まではやる気を見せていた（気がする）のに、翌日には何の理由も言わずに「辞めます」と退職願いを持ってくることもあったそうです。上司は慌てて退職理由を聞いたり慰留を試みたりしますが、この状態になってからでは全て手遅れです。

そこで、部下と日常的にキャリアについて面談を行うトレーニングを提供したことがあります。言ってみれば、離職率を軽減するための研修です。

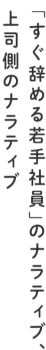

複数の管理職から具体的なケースとして相談されたのが、「管理職になりたくない」「昇格や昇給には興味がない」「定年まで勤めるつもりがない」「なかなか本音を語ってくれない」という、会社の意向とギャップがある若手社員とのコミュニケーション方法でした。

ギャップがある若手社員とキャリアについての面談を行う場合、ポイントは「上司のナラティブを一方的に押し付けない」ことと、「部下のナラティブを立体的に把握する」ことです。

上司としては、部下に対して良かれと思って「今の仕事で成果を出す方法」「管理職へのキャリアパス」「高く評価されて昇給昇格する働き方」「当社で働くメリット」などを熱心に伝えたくなります。

どれも上司からすれば部下に必要な情報ですが、部下からすれば「自分が必要としているタイミングと内容」に限り必要な情報です。「馬を水辺に連れていくことはできても、水を飲ませることはできない」という諺がありますが、喉が渇いていない相手に水を大量に持参しても価値がありません。

最初に必要なことは、若手社員のナラティブを過去・現在・未来で立体的に把握することです。

過去は「なぜ、この会社を選んだのか」「就職活動では、何を大事にしてきたのか」という入社動機や価値観です。

特に、「何を大事にしてきたのか」については、学生は大学のキャリアセンターなどを通じて自己分析を行ってきたので、本質的な欲求の可能性があります。一方で、「なぜこの会社を選んだのか」は「たまたま内定が早く出た」「第一志望群に落ちたから」のような消去法の可能性があります。

私自身も、出版社・広告代理店・人事・人事コンサルタントと職種は変わってきましたが、「自分の言葉を通じて、他人に影響を与えたい」という本質的な欲求は20年以上経っても変わっていませんし、仕事選びの軸になっています。

次は現在の思いを確認します。「今の仕事や会社に対して感じていること」「仕事の中でうれしいこと、辛いこと」「仕事でもプライベートでも、興味をもって打ち込んでいること」などです。

この際のポイントは、「ポジティブではないことも話しやすい雰囲気づくり」です。仕事や職場の人間関係への不満は、上司にとっては自分がダメ出しされているネガティブフィードバックのような気持ちになるので「そんなことはないよ」「実はこういう良い点があるよ」と部下の発言を否定したくなりますが、そうすると部下は本音のナラティブは封印してしまいます。

まずは、「この若手社員は、こういう視点で仕事を捉えているのか」「上司からは気づかなかったが、職場にこういう不満があるのか」「会議ではわからなかったが、あの分野に興味があるのか」など、素直な気持ちで傾聴しましょう。

そのうえで未来の展望を確認します。「将来、どういう状態になれるとうれしいのか」「想定しているキャリアプラン」「社内外で、目指したいロールモデル」など将来的な観点で質問してみましょう。

この際のポイントは、「今の部署で」「今の会社で」「今の仕事で」の範囲に上司が勝手に限定しないことです。「これからも会社の中にいるかもしれないし、外にいるかもしれませんが、あなたとしてはどういう状態になりたいのか」を素直に確認します。

「迂闊に喋ったら報復されそう」と部下が警戒しているなら、上司自身の素直な将来展望を自己開示することも有効です。「返報性の原理」が働き、部下も自己開示しやすくなります。

ここで引き出したいのは、若手社員の中長期のＷＩＬＬと過去・現在・未来に渡るナラティブ（物語）です。

どういう人生にしたいのか、社会人としてありたい姿はどんなものなのか。ここがわからなければ離職を希望する部下を引き留める以前に「なぜ離職するのか」さえ理解できません。

最近注目されているキャリア理論に「プロティアン・キャリア（変幻自在なキャリア）」があります。ボストン大学名誉教授のダグラス・Ｔ・ホール氏が提唱し、法政大学キャリアデザイン学部の田中研之輔教授の『プロティアン』（日経ＢＰ社）で日本でも認知が広がりました。田中教授とは著書や講演で何度かご一緒していますが、従来の組織内キャリア依存ではなく、環境変化に合わせて自分の働き方も働く場所も組織との関係性も自律的にアップデートし続ける重要性を語っています。

こうした社員の「キャリア自律」を支援する会社も増えています。会社内に残り出世を目指すことだけが唯一の正解ではないのが今のキャリア観のトレンドです。

ＷＩＬＬがわかると、フィードバックの進め方が見えてきます。

たとえば、部下のＷＩＬＬが「将来的に独立して、起業する」だったとします。ここでようやく、「リーダーになってほしい」という会社の期待と「管理職になりたくない」という部下のギャップの原因が明らかになります。

つまり、部下は、「いずれ辞める会社だから、責任の重い仕事はやりたくない。在職中は技術を磨きたい」と考えているのです。

この場合、次のようなことを部下に話してみるのはどうでしょうか。

「独立起業、それも素晴らしいキャリアプランですね。一緒に働く仲間のキャリア形成を私も支援したい。独立して起業するということは社員を雇うことになります。個人事業主でいくとしても外部パートナーとの連携やプロジェクトマネジメントも発生します。そうなると、自分の技術的な能力だけではなく、組織や人をマネジメントする能力も必要です。外部のパートナーと組んでチームワークで成果を上げていくプロジェクトを遂行する場合もマネジメント能力は重要かもしれません。

ここまで話すと、部下も「確かにそうかもしれません」と考え始めます。部下のＷＩＬＬを実現するにあたり、経験豊富な上司の視点から抜けている点をフィードバックしてあげてください。間違っても「独立なんてうまくいかない」「不安定だから辞めておけ」とＷＩＬＬを否定する方向で話さないでください。

20代、30代はプレイヤーとしてやっていけばいいかもしれませんが、40代、50代になってくると組織を管理する力、組織をつくる力、外部を巻き込む力も大事になることは理解できると思います。

ここでさらに次のような言葉を続けてみましょう。

「そう考えたら、会社にいる間にメンバーや部下のマネジメントを経験しておくことは、将来のあなたにとって重要ではありませんか？　企業に勤めている間に、給料をもらいながら大規模プロジェクトの経験や外部ベンダーとの関係が蓄積できることもメリットになると思います」

この瞬間に、部下のＷＩＬＬと会社のＭＵＳＴがつながります。

このフィードバックで、実際に離職せずに管理職になった人もいます。そして、「独立するかもしれないと思っていましたが、マネジメントやリーダーをやってみると楽しいものだと気づきました。会社からも評価されるなら、このまま継続して働きます」という人もいます。

この部下にとって、「独立・起業」自体がＷＩＬＬの本質ではなく、「自分の裁量で大きな仕事を進める」「新しい技術に触れられる現場にい続ける」ことが根本的な欲求だったので、リーダーとして裁量権を持ち新規プロジェクトに従事することで、退職する必要性がなくなりました。

また、仮に独立することになったとしても、「いい経験をさせてもらいました」「成長の機会を与えてくれた上司や会社に感謝しています」ということになるはずです。

最近では、「アルムナイ（卒業生）」という考え方が人材マネジメントで注目されています。「うちの会社を出ていく裏切り者」として塩を撒くような対応ではなく、方向性が異なれば雇用契約は終了するが、将来的にビジネスパートナーやファンとしてつながれる可能性を残す良好な関係構築は重要です。
実際に複数の企業で、正社員の雇用は終了しても、業務委託契約で元いた会社の業務を行う事例も増えています。

部下のナラティブがわかると、部下のＷＩＬＬと会社のＭＵＳＴが折り合う部分を探し出すことができるようになります。それが、「すぐに辞める若手部下」を引き留める、そして「ＷＩＬＬとＭＵＳＴを両立するＣＡＮの開発」、または「辞めてからも良好な関係」につながるフィードバックです。

部下のナラティブに共感する。すべてはそこから

部下のＷＩＬＬを確認しないまま、ひたすら会社のＭＵＳＴと不足しているＣＡＮを話し続けても、部下はうんざりするだけです。引き留めるつもりが、逆に離職の意志を強固にすることになるかもしれません。

たとえば、「この会社に定年までいたほうが絶対に得だから、管理職になったほうがいい」と若手社員に言ったところで、30年後、40年後の話です。まったく刺さることはないでしょう。

「定年まで会社で勤務すること」「会社で出世して昇給すること」自体は悪ではありませんが、もし上司がそのナラティブだけを絶対視して、「独立や転職も選択肢として柔軟にキャリアを考える」「今の時代にあった職場環境で働きたい」「マネジメントではなくスペシャリティを磨いて勝負したい」というナラティブを持つ部下に接して

しまうと、部下はますます「この会社にいても、自分の望むキャリアは描けない」「一日でも早く離れたほうが良い」と離職意向が高くなります。

しかし、先ほどの例でもわかるように、本人のＷＩＬＬと会社のＭＵＳＴに折り合える部分があるとすれば、そしてそこに納得があれば、部下が会社の期待を受け入れる可能性は出てきます。

ただし、年上部下へのフィードバックのときと同じように、年下であっても相手をリスペクトする気持ちを忘れてはいけません。

少しでも「最近の若いやつは……」「我儘ばかり言って」という思いがあれば表情に現れ、それを察知した部下は、「私が言っていることを理解していないですよね」と、近いうちに会社を去ることになるでしょう。

たまに「若手にやりたいことを聞いても答えが返ってこない」「ＷＩＬＬがそもそもない、やる気が低い」という上司がいますが、そうではなく「ＷＩＬＬを言うと損をしそう」「本音を言っても無駄」と思わせている上司自身のコミュニケーションや組織風土に問題がある場合もあります。

少なくとも就職活動で、サイコロを転がして適当に就職を決める若手はほぼいません。真剣に自己分析や将来設計をした結果として、今の会社を選んでいる場合が多いはずです。自分自身が、部下が本音を開示しやすい上司であるか、再確認することを推奨します。


「すぐ辞める若手部下」が会社に求めているのは、自分のＷＩＬＬを実現するための環境と支援してくれる姿勢がこの会社にあるかどうかです。

部下のＷＩＬＬがわかれば、将来的には外に出るかもしれない部下に対して「外に出なくてもこの会社でいろいろな成長機会を得られる」「尊敬できる先輩がいる」「いろいろな能力開発のツールが揃っている」など、本人が納得して会社に残るのか、出るのか選べる材料を提示してあげることができます。

それも、部下より会社全体を俯瞰でき様々なリソースにアクセスできる上司の大切な役割です。

十分な対話によってキャリアの満足度が高い人は、「キャリアの自律性（自分で考え、選んでいる意識）」を持っています。自律意識が高まると辞めるわけではなく、自分で選んでこの会社で働いているという意識が高いため、自分の仕事や職務に没頭しやすくなります。つまり、納得できる環境があれば会社に残ってパフォーマンスを発揮し続けることも十分にあり得るということです。

逆に、キャリアを話し合う機会を持たず満足度が低い人は、自分で選んで働いている意識よりも「働かされている」「この仕事を続けても意味がない」と現状に対する不満のほうが大きくなるため、離職を選ぶ確率が高くなるか、モチベーションが低い状態で会社にぶら下がるようになります。

若手社員をマネジメントする上司は自身のほうが経験も知識も豊富な分、どうしても足りないところばかりが目についてしまい、「こんなふうにやってくれ」「こうなってくれ」と言いがちですが、若手社員自身も何かしらのキャリアプランやキャリアビジョンを持っています。

上司は、そのプランやビジョンに、まず「なるほど。そういうことを考えて働いているんだね」と共感を示してください。「すぐ辞める若手部下」との話はそこからです。

「ぶら下がる年上部下」も、「すぐ辞める若手部下」も、フィードバックのやり方次第で行動や意思決定を変えることは可能です。そのためには、まず彼らの話に耳を傾けることです。フィードバックは、伝えることの前に聴くことから始まります。

第9章

部下から上司へフィードバックする（ボスマネジメント、受ける側のポイント）

ネガティブフィードバックは貴重なギフト

第8章までは、上司から部下へのネガティブフィードバックということで、フィードバックを「する側」である上司からの視点で解説してきました。ここで、フィードバックを「受ける側」である部下の視点についても話しておきましょう。

今まで解説した通り、フィードバックは「伝える」「聴く」「対話する」という双方向のコミュニケーションです。受ける側の部下も適切なコミュニケーションを理解しておくと、組織内でのコミュニケーションがさらに円滑になります。適切なフィードバックを受けることは、自分自身の成長にもつながります。

とはいえ、ネガティブフィードバックを受ける側に立つのは心理的な負担になります。「自分はきちんと働いている」「良い行動をしている」と思っているのに、「あなたの働きはギャップがある」「その行動は変えて欲しい」と言われるのですから、面白くないと思うのは当然です。

しかし、フィードバックは、受ける側にとっては、ある意味で貴重なギフトです。なぜなら、伝える側は嫌われるリスクを冒してまで、あなたのことを思ってあえて耳が痛い話をしてくれるからです。

あなたに何の関心も期待もなければ、わざわざ面倒なフィードバックはしないはずです。そして、自分の行動が周囲の期待とズレていることを誰も伝えてくれなければ、そのギャップは解決されず拡大し続けます。それは、長く働く現代社会においてキャリア形成のリスクに直結します。

耳が痛いことを言ってくれる人が身近にいるだけでも、実はありがたいことです。先述したとおり、多くの伝える上司側も「嫌われるかもしれない」「パワハラと思われるかもしれない」とフィードバックには躊躇を感じています。

そんな上司に「そんなこと言ってもらわなくていい」「余計なお世話です」「うるさいな」という反応をしてしまったら、貴重なギフトは二度ともらえなくなります。だから、ちゃんと感謝して受け取る姿勢が大事です。

もちろん、内容は自分の認識と異なる耳が痛い話ですから、すぐに受容や感謝をできないこともあるかもしれません。「どうしてこんなことを言われないといけないんだろう。納得できないな」とモヤモヤするのが普通でしょう。

このモヤモヤは先述した「認知的不協和」で自然な反応です。しかし、落ち着いて「あの人が言っていることは正しいかもしれない」「上司や会社の視点は自分と違うのか」と考えてみることも必要です。

人間には、自分の価値観や意見を肯定する情報を集めたがる「確証バイアス」が存在します。特にネット社会では「フィルターバブル」と呼ばれる、アルゴリズムが自分に都合が良い・興味がある情報を集め続けることで自分の意見が強化されやすい環境もあります。

自分とは違う経験や情報を持っている上司のナラティブを受け入れてみることが、気づきにつながる可能性があります。

自分ではうまくできているつもりでも、傍から見るとうまくできていなかったり、改善点があったりするものです。

自己認知と周囲認知の関係性を表した「ジョハリの窓」というコミュニケーション理論がありますが、自分には見えていないが相手には見えている「盲点の窓」を減らし、相互理解している「開放の窓」を増やしていくとお互いストレスなく働けるようになります。

私も以前の上司に、「難波さんが会議で発言するとき、言っていることは正しいけど言い方が厳しいときがあって、若手が怖がって委縮してしまうことがある」と言われたことがありました。

「そんな弱気な姿勢でプロのコンサルタントが務まるか」と、微妙にイラッとしてその言葉を流そうという思いもありましたが、そうすると自分の行動は変わりませんし、委縮してしまう若手の状況も変わりません。そこで「ちなみに、それはどういう場面で怖さを感じましたか？」と冷静に上司に質問しながら深掘りしてみました。

すると、「異動してきたばかりの若手は、ベテランに短い言葉でズバッと言われると萎縮するものです。そういう若手の発言に意見やアドバイスを出すときは、声のトーンや表情に気をつけてください。そうしないと、難波さんが望むプロ集団に成長していきません」。

丁寧に説明していただいたことで、「なるほど」と知らなかった自分に気づける機会になりました。自分では同じ立ち位置の同僚として忌憚なく意見を交換できると思っていましたが、組織内で上から数えたほうが早いベテランとなり、気づかないうちに威圧感が出ていたのかもしれません。まさに「盲点の窓」でした。

想像していなかった指摘を受けたときは一瞬イラッとしても、「自分は完璧ではない」「自分の正しさは、必ずしも相手の正しさではない」「実は相手の意見が正しいかもしれない」と考え冷静に対話して深掘りしてみる。そうすると、意外な自分の姿が見えてくるものです。


ただし、受け入れるものは受け入れて、受け入れられないものはちゃんと感謝しながら断る姿勢も必要です。

「フィードバックは貴重なギフト」と言いましたが、なかには、伝える側のマウンティングだったり、権威や立場を利用して自分の思い通りにコントロールしたいエゴだったり、ただの重箱の隅をつつく作業だったりするケースもあります。そういう場合は、フィードバックそのものを「断る選択肢」があってもいいと思います。

自分の価値観と照らし合わせて譲れないと思うなら、「お話しいただいたことに感謝しますが、私はこのスタイルを通します」という選択もありです。

言われたことを100％鵜呑みにするのが良いフィードバックではなく、自分の価値観と照らして「合意しないことにする」ことも時には必要です。

ただし、「合意しない」選択をする場合、その旨は上司にきちんと伝えて違うゴールで合意できるまで対話しましょう。表面上は合意したふりをして内心では納得しないという「面従腹背」は双方のミスリードにつながり、後々問題になりますし、自身の評価を著しく低下させます。

上司に望ましい行動を促す「ボスマネジメント」

組織の中で成果を上げつつ自分の望むキャリア形成をしていくには、常に上司から受動的にフィードバックを受けるだけでなく、部下から上司へ能動的にギャップについてフィードバックを行い、組織や上司の期待と自身の希望を刷り合わせる姿勢も求められます。

そうしたコミュニケーションを、「ボスマネジメント」と呼びます。

「上司にフィードバックなんてできない」「上司は指示する側、部下は指示を受ける側」と思う人もいるかもしれませんが、上司と部下は「上下関係」ではなく、あくまでも組織運営における「役割関係」です。なので、成果創出に問題と思える行動があればば改善を促したり、よりパフォーマンスやモチベーションが向上する働き方があれば、率直に交渉したりすることは、健全な組織運営にはむしろ必要なことです。

何かしらギャップが生じている際に、管理職として組織にとっての役割を適切に行ってもらうための話し合いという観点で言えば、上司から部下に対するネガティブフィードバックと、目的や必要なマインドセット・スキルセットは基本的に同じです。

ボスマネジメントにおけるポイントは以下の通りです。

①自分のWILLを言語化する

②上司のＷＩＬＬ（ＭＵＳＴ）を傾聴する
③両者が重なる状態へ建設的に交渉する
④上司に感謝を伝える
⑤交渉力を手に入れる

①自分のＷＩＬＬを言語化する

ボスマネジメントにおいても、起点は「部下自身のＷＩＬＬ」です。

そもそも、自分が「上司と対話して、どういう結果を手に入れたいのか」「将来、自分はどうなりたいのか」「理想的な状態と現状に、どういうギャップがあるのか」がわかっていないと、上司と面談しても単なる業務面談の延長か現在の仕事の愚痴に終わりますし、上司としても何を支援すればよいかわかりません。まずは、自分の中長期的なＷＩＬＬを言語化しましょう。

②上司のＷＩＬＬ（ＭＵＳＴ）を傾聴する

部下自身のＷＩＬＬを言語化して伝えるだけでなく、「上司のＷＩＬＬ」「上司が自分に期待しているMUST」を傾聴しましょう。

上司にとって「実現したいこと」「実現しなくてはいけないこと」「部下に期待していること」と、部下の「実現したいこと」「ありたい姿」が重なっていれば、上司は真剣に耳を傾けて支援してくれるでしょう。

一方的に「自分がやりたいこと」だけを伝えてもメリットやリターンがなければ上司も組織も動きません。「自分に、何を期待しているのか」「会社や上司が一番求めていることは何か」を把握しましょう。

③両者が重なる状態へ建設的に交渉する

いきなり、部下のWILLと上司のWILLが重なっていれば問題ありませんが、現実的にはいろいろとギャップが発生します。

「自分のアイデアで自由にやりたいのに、細かくやり方を指示されて動きにくい」

「今は営業部の中堅として期待されているが、将来的には商品企画に異動したい」

「もっと顧客との商談やプレゼン作成に時間を取りたいのに、事務作業が多い」

「社外活動やパラレルキャリアに興味があるが、言い出しにくい雰囲気がある」

その場合は、ギャップが埋まるまで建設的に交渉しましょう。

建設的に自己主張するコミュニケーションを「アサーティブ・コミュニケーション」と言います。

「この部門で成績を残すためにも、仕事の進め方を任せて欲しい」

「営業で培った現場経験を活かして、商品企画でキャリアを重ねていきたい」

「顧客接点とプレゼンの品質向上に集中できるように、事務作業を軽減するかサポートスタッフを付けてほしい」

「社外で得た人脈や知見は将来的に業務に活きるので、社外活動を応援して欲しい」

交渉のポイントは、「部下のＷＩＬＬを支援することが、会社や組織にメリットがある」「部下に任せることが、実際に成果につながる」「上司の行動を変えると、部下のモチベーションが上がる」というストーリーに説得力を持たせることです。

そのためには、自分の強み（ＣＡＮ）の把握も重要です。上司としても、部下のモチベーションが上がり成長することで会社の利益につながることはＷＩＬＬなので協力してくれる可能性は十分あります。

アサーティブ・コミュニケーションのポイントは「誠実・率直・対等・自己責任」です。誠意を込めて率直に、上司部下でも対等な関係性で、自分の意志で建設的に自己主張して交渉を行いましょう。

起業家が投資家へ事業のプレゼンテーションをして投資を引き出すように、自身のキャリアプラン・アクションプランをプレゼンして上司や会社の支援という投資を獲得するイメージです。

④上司に感謝を伝える

「上司と交渉する」「ボスマネジメント」と言うと、上司を「攻略する敵」と勘違いする人もいますが、上司は「自分のキャリアや職場環境を支援してくれる味方」と認識して感謝や好意は伝えましょう（当然、そうでない上司もいますが）。

上司から部下へのネガティブフィードバックと同じように、部下から上司へ一方的に不満や要望だけ伝えても、上司の行動変容は期待できません。

ＷＩＬＬの実現につながった場合はもちろん、１００％の実現や変化にならなくても「話を聴いてくれたこと」「応援しようとしてくれていること」「少し行動を変えてくれたこと」に感謝のメッセージを伝えましょう。

上司も機械ではないので、自分を味方だと考えて感謝してくれる部下には「好意の返報性」で、今は無理でも将来的に機会提供したくなります。

最悪なのは、普段は面従腹背で我慢をため込み、爆発しそうなほど不満をため込んで感情的・攻撃的な物言いになるネガティブフィードバックです。そもそもそれはフィードバックと言うよりクレームに近いですが、上司の行動が変わるどころか、批判や攻撃を受けた上司からは「面倒くさい人」「扱いづらい人」と思われるだけで、関係性を悪化させることになります。

アサーティブ・コミュニケーションでは、言うべきことを我慢し続ける状態を「ノンアサーティブ（パッシブ）」、相手の利益や感情を考えない状態を「アグレッシブ」、双方の利益を考える状態を「アサーティブ」と表現します。ボスマネジメントでは感謝を伝えてＷｉｎ－Ｗｉｎを目指しましょう。

ネガティブフィードバックは一方通行のコミュニケーションではなく、ギャップを埋めるために話し合う双方向のコミュニケーションです。上司も受け入れやすいように、「こういう行動は、このような理由で困ります。次からはこうしてほしいと思います」と落ち着いてフィードバックするようにしましょう。

⑤交渉力を手に入れる

こうしたボスマネジメントの話をすると、「そんな理解のある上司ばかりではない」「少なくとも、私の上司には話しても無駄だ」などの意見もあると思います。

綺麗ごとでなく、組織内で自分の要望を受容してもらうには、シビアですが「あなた自身の戦略的な交渉術」「交渉力の原資になるあなた自身の価値や結果」が必要です。先程、投資家の例で説明しましたが、「この人に投資（支援）したら得だ」「投資しないと損する」と思わない限り、営利組織である企業内で要望は通りません。

「過去の実績から、自分に任せたほうがビジネスの勝率が高い」
「会社の方向性とリンクしているアイデアなので、応援したら会社が得をする」

「この仕事を任せてくれたら、自分はさらに成果貢献できる」

「もし要望を受け入れないなら、やりたいことを実現できる会社に転職する」

こうした交渉には勇気もいりますが、上司や会社にとってあなたが「余人をもって替え難い人材」であれば、「断って辞められるより、提案を受け入れて気持ちよく働いてもらおう」と合理的に判断する経営者や上司は多いはずです。

また、会社が自分のＷＩＬＬを応援したくなるためには、単に成果を出すだけでなく、積極的に学び続ける、周囲に良い発信を続ける、上司や周囲をサポートする、など普段の業務姿勢による信頼と能力（ＣＡＮ）の積み重ねも重要です。


もし、十分な交渉力をもって上司とどれだけ誠実に話し合っても、聴く耳をまったく持たない、改善がまったく見られない、将来的にもＷＩＬＬが実現できない場合は、「経営者や関連の窓口に相談する」「自己応募制度などで異動する」「転職する」など、自分のキャリアを優先した選択をしていいと思います。

「上司は選べない」と良く言いますが、最近は自己応募制度や社内副業制度を持つ会社もあるので「部署は選べる」状態ですし、組織全体を見ても自分のＷＩＬＬが満たせない職場なら、早めに見切りをつけることもキャリアデザインを考えれば必要な選択です。無理解な上司や会社に一蓮托生で縛られる必要はありません。

交渉力がある人材なら、他部署や他社でも活躍できるはずです。

ちなみに、本書の出版に際して、私は「ボスマネジメント」をフル活用しています。新卒で出版社に入社した私は、「書籍やメディアを通じて働く人達に気づきや影響を与えたい」という「自分のWILL」を持っています。

上司との1on1で、自分のWILLを伝えることと並行して、「人事コンサルティングや研修の売上が達成できる」「事業部の認知度が向上して企業からの相談が増える」ことが「上司のWILL」であることを確認しました。

そこで書籍のテーマを、企業から相談が多い「ネガティブフィードバック」に設定して、「書籍を出すことが、認知度向上や相談増加につながる」「本を執筆しながら、本業の成績は達成する」という「両者のWILLが重なる」状態にしました。

合意しても上司の一存ですぐ出版できるわけではなく、予算確保や社内調整なども必要でした。粘り強く支援して私のWILL実現に漕ぎつけてくれた上司や会社に

「感謝」を伝えていますし、社外でも「会社の支援はありがたい」と宣伝しています。
また、書籍を執筆する根拠として、「ネガティブフィードバック」研修ニーズや売上などの定量データやセミナー集客、前著『「働かないおじさん問題」のトリセツ』（アスコム）による営業効果など「交渉力」を準備して臨みました。

自慢ではなく、ボスマネジメントの事例として参考になれば幸いです。

「陰口」では上司は変わらない、「表口」を言う

「嫌いな上司に関する意識調査」（株式会社ビズヒッツ２０２１年２月）によると、社会人５００人中、「職場に嫌いな上司がいる」割合は73・2%。「上司が理由で会社を辞めたいと思ったことがある」割合は65%だそうです。なかなか凄い数字です。

ボスマネジメントの必要性を伝えても、現実問題として嫌いな上司・苦手な上司と本音で会話するのが難しいことは理解できますし、異動申請や転職に踏み切るのも勇気がいります。結果的に、いろいろな愚痴を本人のいないところで吐き出したくなり

ます。

「うちの上司はわかってくれない」
「課長は数字にしか興味が無いから、キャリアなんて相談しても無駄」
「異動希望なんて口にしたら、報復されそうで口に出せない」
「うちの会社は保守的だから、新しい挑戦なんて無理」
「中途入社で自分より20歳も若い上司に、自分や会社の何がわかるのか」
「部長の考え方は古くて、若手の気持ちが何も理解できてない」

コロナ前は、新橋のガード下でお酒を飲みながら、上司や会社の陰口を言って憂さ晴らしをするサラリーマンがテンプレ的なイメージでした。現在はテレワークも普及して飲みにケーションは減ったかもしれませんが、会社や上司の陰口や噂話は、酒の肴や軽い会話としては定番な話題だと思います。

「カタルシス効果」という心理効果があり、人は「不平・不満・不安・怒り・悲しみ」などネガティブな感情を吐き出すとカタルシス（心の浄化・安心感）を得られます。

本人がいない場所で酒の力を借りて陰口を言うと精神的にはスッキリするかもしれませんが、本質的な問題は何一つ改善しません。それどころか、その陰口が巡り巡って上司に届いてしまったら問題は悪化の一途です。

「不満があるなら、陰口でなく本人に表口で直接言う」

そのほうが問題解決につながりますし、精神的に健全です。納得していないことがあるならば、「こういう理由で、納得していません」とフィードバックしたほうが上司にしっかり伝わります。「納得できない点がある」ことを相互認識することが問題解決のスタートラインです。

なかには「私は言えないので、察してほしい」と思っている人もいるようですが、上司が超能力者でもない限り、直接伝えなければ上司の言動や行動が変わることはありません。部下の沈黙は上司の行動を容認していることと同義です。「自分も問題を構成する一部」と認識し、「自分の行動で問題を解決する」姿勢は必要です。

不満に思っていることや困っていることを上司に落ち着いて伝えるには、アドラー心理学の「目的論（第2章で紹介）」「課題の分離（第5章で紹介）」が有効です。

「目的論」で考えると、上司がネガティブフィードバックを「できない理由」ではなく「やらない目的（やらないメリット、やるデメリット）」を掘り下げていったプロセスと同じように、部下も上司に本音を「言えない理由」ではなく「言わない目的（言わないメリット、言うデメリット）」を掘り下げてみることです。

「上司の機嫌を損ねるリスクを抱えたくないので、不満を我慢して黙っている」
「希望を伝えても異動できない可能性が高いので、言わない選択をしている」
「内心納得していなくても面談を早く終わらせたいので、イエスと答えている」
「社外活動を報告すると反対される懸念があるので、社内では誰にも言わない」

ある程度「言わない目的」を掘り下げてみたところで、「本当にそうだろうか」「上司の意見や反応を自分で勝手に決めつけていないだろうか」「言わない選択を続けると、自分の将来はハッピーなのか」「言ったらうまくいく可能性はゼロなのか」と考えてみてください。

上司の役割や視点（ナラティブ）を客観的に考えると、「部下に我慢して本音を隠されたい」のか、「信頼して本音を伝えて欲しい」のか、「不満を抱えながらやる気のない状態で働き続けて欲しい」のか、「部下がＷＩＬＬを実現して活き活きと働いて欲しい」のか、答えはわかると思います。

上司は敵ではなく、自分のキャリアを応援してくれる味方になる確率が高いことが理解できるはずです。そこさえ信頼できず「言いたいことを言わない」選択しかできない状態であれば、すぐに転職したほうが良いかもしれません。

信頼関係が毀損している職場で働く部下も、信頼されずにマネジメントする上司も不幸です。キャリアデザインにおいて、沈黙と謙遜は美徳ではありません。

上司の役割を尊重・理解したうえで、次は「課題の分離」です。
「自分にとって必要なことを伝えるか」は自分の課題。
「希望を伝えられて、どう判断するか」は上司の課題。
改善して欲しいことを伝えても、上司や組織には優先順位や使えるリソースに限りがあり、改善されるとは限りません。ただ、「伝える」という自分の課題をクリアしない限り、改善されないことが確定します。

上司が問題の存在や改善の必要性を認知しない限り、「自分の組織マネジメントに問題はない」「部下は現状に不満がない」という認知ギャップによる「ダニング＝クルーガー効果（第1章で紹介）」で問題は放置され拡大し続けます。

実際問題、「陰口」でなく「表口」を直接伝えると信頼関係が毀損するかと言うと、一瞬重たい空気は流れますが、それが組織全体や相手を思っての発言であれば、「そう思っていたのか」「よく伝えてくれた」という反応を示す場合が大半です。上司も部下も、相手を一人の人間として信用してフィードバックをしてみてください。

ただし、ポイントは「相手の人格批判」ではなく「問題となっている行動・事実」の解決について一緒の方向で話すことです。

上司向け「フィードバック研修」と部下向け「ボスマネジメント研修」を行った会社では、相互に「1on1での率直な対話」「メリハリのついた評価」「理由付きフィードバック（長所と改善点）」を推奨した結果、評価のメリハリ（マイナス評価）が5～10％増加したにもかかわらず、評価への納得度が6％上昇しました。

上司・部下双方が「ギャップについて本音で向き合う」「納得できないことは、納得できるまで話し合う」「相手の言い分を最後まで聴く」「相手に性善説で期待する」という当たり前のコミュニケーションを続けることで、組織全体で成長と改善に向けた健全なフィードバックができる文化は醸成できると確信しています。

信頼感と受注率が増すクライアントへのフィードバック

ギャップを埋めるネガティブフィードバックは、いろいろな場面で応用が利きます。最後は、「顧客」「コミュニティ」「友人」など場面別の応用について解説します。

最初はクライアントとの交渉です。

昔に比べて、「お客様は神様です」と、クライアントの要望を無条件で何でも受け入れる空気はなくなってきました。「カスハラ（カスタマーハラスメント）」という言葉も一般化しています。

しかし、「お客様の要望には100％対応すべき」「理不尽な要求でも、お客様には対応しなければいけない」などと、理不尽とも思える環境下でも無理して顧客対応をしている人もいます。

そんな人に身につけてほしいのが、クライアントへのネガティブフィードバックです。必要なときには、クライアントであっても厳しいことを伝える。顧客と自分は「注文する・注文をもらう」一方的な関係ではなく「一緒に問題を解決するパートナー」という関係性を念頭におき、耳が痛いことも伝える勇気を持ちましょう。

真面目なタイプの営業担当者ほど、クライアントから言われた通りに対応するところがありますが、クライアントにマイナスになるなら、正しい方向へ導くべきです。

「クライアントの認識が間違っているなら、正しい情報を提供する」

「クオリティを担保できないなら、費用が高くなってもベストな提案をする」

「クライアントの価値提供につながらないなら、取引中止を勧める」……

こうした真摯な対応が、結果的にクライアントと良好な関係性を構築するきっかけになります。

クライアントとの関係は、「Ｗｉｎ-Ｗｉｎ」が基本です。

しかし、「Ｗｉｎ－Ｌｏｓｅ（自分だけが勝ち、相手が負ける。相手を蹴落として自分の利益だけを最大化していく考え方）」「「Ｌｏｓｅ－Ｗｉｎ（自分が負け、相手だけが勝つ。相手の言いなりで自分が消耗していく考え方）」「Ｌｏｓｅ－Ｌｏｓｅ（相手も負けて、自分も負ける。お互いに足を引っ張って共倒れする考え方）」のような関係性が長期的に続くようであれば、クライアントと取引しないという選択肢もあります。

Ｗｉｎ－Ｗｉｎにならないなら、関係性を続けることで限られた自分や会社のリソースを失い、本当に価値提供すべきクライアントに注力できなくなるからです。

これは、世界的な名著『７つの習慣』（キングベアー出版　スティーブン・Ｒ・コヴィー）の中にある、「Win-Win or No-Deals（Ｗｉｎ－Ｗｉｎの関係を築けない場合は、取引しない、あるいは白紙に戻すということで合意する）」というフレームワークです。

具体的なクライアントへのフィードバックとしては、次のようなものになります。

「その観点でビジネスを進めると、こういうリスクが存在します」

「この点を納得いただけないのであれば、今回の取引はやめましょう」
「私たちの会社ができるところはここまでです。これ以上になると私たちはお取引できません」
「貴社の将来を考えると、コストや工数が増えてもこちらの提案を推奨します」……

大きな流れとしては、最初にクライアントの要望や考えていることを伺う、そのうえでこちらとしてできることだけでなく想定されるリスクを伝える。認識にギャップがある場合は解決に向けて話し合う。構造や構成、流れは通常のネガティブフィードバックとあまり変わりません。

課題の分離もそのままです。

たとえば、この条件だったら取引はできないと伝えるのか、伝えないのかは自分たちが選べる課題です。それに対して「けしからん、取引停止だ」と言ってくるのか、「指摘してくれてありがとう」と言ってくるのか、「ここまでは妥協しましょう」と言ってくるのかは、自分にはコントロールできないクライアントの課題です。

「クライアントの声は全て聞かないといけない」という背景には、「この仕事を失ったら短期的に売上が下がる」「自分の目標が達成できなくなる」「顧客を怒らせたら上司に叱られる」「黙って従ったほうが得だ」などの恐怖やバイアス（偏った認識）が存在します。

そういうときは、アドラー心理学の目的論に基づき、「フィードバックできない理由」ではなく「フィードバックをしない目的」を掘り下げてみましょう。そして、フィードバックをしないとどんなことが起こるのか考えてみましょう。Ｗｉｎ－Ｗｉｎでない状態は、少なくともサスティナブル（持続可能）ではないはずです。

私も、クライアントに対してネガティブフィードバックを行うことがあります。

「発注が確定していない状態でスケジュールの確保は無理です。確定の連絡をいただいたクライアントを優先せざるを得ません」

「経営者や人事の要望は社員視点が抜けているので、そのやり方は社員の反発を招くので止めたほうがいいです」

「私自身は、その分野は専門家ではないので、無責任に助言はできません。貴社の社労士や弁護士に確認してください」

「ハラスメントや退職強要など、違法行為のリスクがあるコミュニケーションをするなら、弊社としてはお取引できません」

クライアントに対して厳しいことを言うのはつい腰が引けると思いますが、「必要なこと」「自分たちができること」「自分たちができないこと」をしっかり伝えると、意外と信頼してお仕事を任せていただけますし、余計なことに悩まず自分の時間や工数や感情というリソースを、責任が持てる範囲に集中できます。

明確に線引きをして、プロフェッショナルとして価値を提供できる範囲を決める。それを超えたものやグレーゾーンになるものに対しては、NOという選択を持つ。

クライアントからすると面倒な担当と思われそうですが、それでも任せていただけるクライアントとは、NOと言わない営業よりもはるかに長期的な信頼を得られますし、私自身の経験ではネガティブな事を率直に伝えるようにしてからの方が受注率もリピート率も圧倒的に上がりました。

人間は不思議なもので「絶対に取引させてください」と押されるより、「取引するかしないかはお任せします（困ってないので）」と適度に突き離されたほうが、取引したくなるようです。

対クライアントへのネガティブフィードバックでひとつだけ注意するのは、「そもそも聴く耳を持たない」「相手を完全に業者扱いして意見は期待していない」クライアントは存在し、そうしたクライアントへのネガティブフィードバックは時間と労力の無駄どころか喧嘩沙汰のリスクになる、ということです。

信頼しあえるパートナーになりえない相手なら、フィードバックすることなく、「黙って去る」姿勢も必要だと思います。顧客も相手を選ぶ権利があるのと同様に、自分も顧客を選ぶ権利があります。

居心地の良さを維持するコミュニティ活動でのフィードバック

ネガティブフィードバックは、コミュニティ活動でも活かせます。

近年、会社以外の「サードプレイス（家でも職場でもない、居心地が良い第三の居場所）」を持つことが、キャリア形成や成長や心理的幸福における重要な経験「パラレルキャリア」「越境学習」としても注目されています。

最近はいろいろなコミュニティ活動をしている人が増えてきました。会社のような雇用契約や利害関係や命令系統がないフラットな関係は、居心地が良いものです。特にコロナ禍以降は、対面だけでなくオンライン中心のコミュニティも増加し、参加のハードルも下がっています。

コミュニティはフラットな関係性である分、会社組織より「問題が生じた場合の解決が難しい」、という側面もあります。

たとえば「あの人は場の空気を乱すなあ」「張り切ってくれてるけど、何か空回りしているなあ」「古参メンバーが熱心すぎて新規メンバーが発言しにくそうだな」と思っても、なんとなくお互いに言えない、言わない、言いにくいところもあります。

会社組織は雇用契約に伴って成果を出さないといけないので、問題が生じて成果が出ていないと責任者が介入しやすいですが、コミュニティは善意でつながっていて、上下関係や指揮命令系統もないので、ズレている人がいてもなかなか言い出せません。

しかも、周りに悪影響をおよぼす言動をする古参メンバーほど、そのことに気づいていないことがよくあります。そういうときは、多くは見て見ぬふり、または本人がいない所での陰口で終始することが多いと思います。

会社の中よりも、「居心地の良さを求めて参加しているのに、面倒なことにわざわざ首を突っ込む」モチベーションは湧きにくいはずです。

しかし、自分が価値を感じているコミュニティを存続させるために、その言動はいいのか悪いのか、周りのメンバーのモラルを下げないのかなどの観点から考えて「良くない」と判断できる場合は、フィードバックすることが、自分や他メンバーやコミュニティ全体のためになります。

私自身も以前、所属しているコミュニティで複数回にわたり周囲のモチベーションを下げる言動を続ける人に対して、以下のフィードバックを行いました。

「前回のミーティングでの発言に関しては、コミュニティが目指しているゴールやありたい状態から比べるとギャップが大きいです。提案への否定だけになっていて、周りのモラルを下げてしまうと私は感じます。否定をするのであれば代替案を出すのか、自分でイベントを立ち上げるか、もしくはコミュニティから出るのか、ご自身で判断したらどうですか？」

フィードバックを受けた人がコミュニティに残って言動を変えるか、コミュニティを離れていくかは、その人の課題です。大切なことは、コミュニティ活動に悪影響を与えていることを気づいてもらうことです。

私はコミュニティ活動を支援するNPO法人「CRファクトリー」の特別アドバイザーに就任しています。そのNPO法人では、コミュニティ活動をする際に求められる10の「コミュニティ活動力」を提唱しています。

3つの自己理解力（Want理解／Can理解／Must理解）
4つの自分らしさ力（個性発揮力／自己開示力／援助希求力／距離確保力）
3つの環境適応力（傾聴力／他者受容力／多様性許容力）

コミュニティ活動では他者の受容や多様性の許容が基本となることは言うまでもありませんが、どうしても必要な場合は、他人に意見の違いを伝える「個性発揮力」、困っている状況についてメンバーに相談する「援助希求力」、話が噛み合わないメンバーと距離を取る「距離確保力」を発揮することも重要です。

コミュニティは参加メンバーの意見や活動などの相互作用で変化し続けます。問題行動を放置し続けると、コミュニティ自体のエネルギーや求心力は失われていきます。感情的な反発を招くこともあるかもしれませんが、参加しているみんなが居心地の良い場所にし続けるには、ときにはネガティブフィードバックも必要なのです。

また、どうしても自分の志向や価値観とコミュニティが合わなくなってきた場合は、関わる頻度を減らす、自分がコミュニティから離れるという「距離確保力」が有効な場合もあります。

友人へのフィードバックは「相手が求めるまで静観」する

友人同士などのプライベートなシーンでも、ネガティブフィードバックは理論的に応用可能です。ただし、情緒でつながっている関係なので、受け手が望んでいないタイミングのネガティブフィードバックはほとんど採めます。

第4章で紹介した、「ゴットマン率」によると、「親子3：1」「上司部下4：1」「夫婦5：1」「友人8：1」と言われていて、会社や家庭と比較しても、友人関係はネガティブなフィードバックに際しては注意が必要です。

雇用契約や血縁関係などの縛りがないため、「そんなことを言われる筋合いはない」「あなたは私の味方だと思ったのに」など、いきなり関係が終了する危険があります。

身も蓋もない話ですが、自分に被害がおよばないことであれば、「求められるまでは静観」したほうがいいと思います。

これがビジネスの場であれば、クライアントや組織に損失が発生する可能性があるのでタイミングを図っている余裕はありませんが、友人関係の場合は、いきなり自分から動くのは避けたほうが無難です。

あなたが「相手のために」と思った助言も、相手が求めていないタイミングや心理的状況であれば「余計なお世話」として拒否されます。「良薬は口に苦し、忠言は耳に逆らう」とは孔子の言葉ですが、2500年前から相手へのネガティブフィードバックは難しいと認識されています。

友人関係では、相手の気持ちや言い分を会社でのフィードバック以上に傾聴する必要があります。その人は「アドバイスがほしい」と言いながら、実際は「ただ話を聞いてもらって共感してほしい」だけという場合も多いからです。

友人の言動の中で、「自分に被害がある」「相手のためにどうしても伝えてあげたい」など改善が必要な際は、次のように5つのスキルセットで紹介した「合意を得る」を意識してください。

「気になる点がありますが、伝えても大丈夫ですか」

「耳が痛いことも含まれるかもしれませんが、それでも聴きたいですか」

「今お伝えしたほうが良いですか、時期を改めたほうが良いですか」

友人関係は、仕事での論理・成果ではなく、感情や居心地の良さが大きなウェイトを占める場合が多いと思います。そういう意味でも、上司・部下の関係以上にこじれる可能性があります。しかも、感情面が大きなウェイトを占める分だけ修復が難しい場合もあります。

「それでもお互いのためには言ったほうがいい」

「この人には必要なことだから、嫌われても伝えるしかない」

「これ以上、この状態が続くのは自分が困る」

そう判断するなら、気まずさや絶縁も覚悟したうえで友人にはネガティブフィードバックしたほうが長期的には良い関係が継続できますし、毅然とした対応ができるはずです。相手に「この人は本気だ」「自分のためを考えて真剣に伝えてくれている」と伝わることで真剣に受け止めてもらえる可能性が高くなるのは、上司と部下のフィードバックと同じです。


また、フィードバックに際しては主語を大きくしすぎず、「私はこう感じる」という「アイメッセージ」を意識してください。

「みんなが不満を持っている」「一般的に、あの言動は問題だ」など、抽象的な主語で伝えても相手は反発を覚えます。

「さきほどの発言は、私には愉快ではなかった」「私の場合、その行動は歓迎できないので変えてもらえないか」と伝えることで、少なくとも「自分の言動が、相手には変えて欲しいことなのか」と気づいてもらうことが出来ますし、「みんなが」「世間が」「一般的に」などと一般化して言われるより受容しやすくなります。

それでも相手の言動や行動が変わらない場合は、「距離を置く」「会う頻度を減らす」「関係を解消する」などの対応を考えてみるのもいいと思います。

アメリカの起業家ジム・ローンの「5人の法則」では、「あなたが最も多く時間を過ごす5人の平均があなた」と言われています。常に不満を言っているネガティブな人と一緒にいると自分もネガティブになりますし、ポジティブな集団にいると自分もポジティブな言動が増えていきます。

「誰と付き合うか」を取捨選択やアップデートすることも、自分の人生を適切にコントロールするためには重要です。

プライベートでも使えるネガティブフィードバックですが、仕事とプライベートではフィードバックが効果を発揮するまでに必要な「信頼残高」が大きく異なるので注意が必要です。

特に、プライベートでは肯定的なコミュニケーションや交流を通じて信頼関係を築きながら、「ぜひ、フィードバックをしてください」と相手がスタートボタンを押すまで待つようにしましょう。

おわりに

本書では、上司部下の関係性を中心に、いろいろな場面でのギャップを埋める「ネガティブフィードバック」を解説してきました。

ギャップについて対話すること、相手と真摯に向き合うことは、当然勇気がいるコミュニケーションです。

ただ、前例の無い「長く生きる時代」「長く働く時代」「ＶＵＣＡと呼ばれる不確実で変化が激しい時代」、こうしたギャップから目を背け避け続ける行為は、自分にとっても相手にとってもリスクになります。

そして、自分の成長を願ったネガティブフィードバックの内容や相手の顔は、ともすればポジティブフィードバック以上に時間が経っても忘れないものです。私自身も、新入社員や若手時代に気づかなかった点を指摘してくれた当時の上司や先輩たちの言葉は何十年たった今でも財産として残っていますし、感謝もしています。

一方的に相手を変える威圧的なコミュニケーションではなく、行動や事実に基づき、相手の認識や感情を傾聴しながら解決策を一緒に考えるフィードバックが、皆様自身や皆様の周りにいる人達を理想の状態に改善していく一助になれば大変幸いです。

ネガティブフィードバック
「言いにくいこと」を相手にきちんと伝える技術

発行日　2024 年 2 月 14 日　第 1 刷
発行日　2024 年 3 月 11 日　第 2 刷

著者　難波猛

本書プロジェクトチーム

編集統括	柿内尚文
編集担当	池田剛
制作協力	マンパワーグループ株式会社
編集協力	洗川俊一、洗川広二
デザイン	山之口正和、齋藤友貴（OKIKATA）
校正	鷗来堂
DTP	山本秀一・山本深雪（G-clef）
営業統括	丸山敏生
営業推進	増尾友裕、綱脇愛、桐山敦子、相澤いづみ、寺内未来子
販売促進	池田孝一郎、石井耕平、熊切絵理、菊山清佳、山口瑞穂、吉村寿美子、矢橋寛子、遠藤真知子、森田真紀、氏家和佳子
プロモーション	山田美恵
講演・マネジメント事業	斎藤和佳、志水公美
編集	小林英史、栗田亘、村上芳子、大住兼正、菊地貴広、山田吉之、大西志帆、福田麻衣
メディア開発	中山景、中村悟志、長野太介、入江翔子
管理部	早坂裕子、生越こずえ、本間美咲
発行人	坂下毅

発行所　株式会社アスコム

〒105-0003
東京都港区西新橋2-23-1　3東洋海事ビル
編集局　TEL：03-5425-6627
営業局　TEL：03-5425-6626　FAX：03-5425-6770

印刷・製本　中央精版印刷株式会社

Printed in Japan ISBN 978-4-7762-1331-4